LA VÉRITÉ

SUR LA CRÉATION

DE

L'UNIVERS

PAR

Louis PANAFIEU

qui offre

MILLE FRANCS

à celui qui prouvera le contraire

Prix du volume 1 Fr. — Par la poste 1 Fr. 25

Chez GRAND-JACQUES, libraire, 4, Rue Alfred-Stevens, PARIS

et chez tous les libraires

LA VÉRITÉ

SUR LA CRÉATION

DE

L'UNIVERS

PAR

Louis PANAFIEU

qui offre

MILLE FRANCS

à celui qui prouvera le contraire

~~~~~~~~~~~~~~

Prix du volume 1 Fr. — Par la poste 1 Fr. 25

Chez GRAND-JACQUES, libraire, 4, Rue Alfred-Stevens, PARIS

et chez tous les libraires

LA VÉRITÉ

SUR LA

CRÉATION DE L'UNIVERS

PAR

Louis PANAFIEU

~~~~~~

1906

LOUIS PANAFIEU

PRÉFACE

A Messieurs les Savants

Mille francs c'est bien peu pour une œuvre si grande ;
La gloire d'un savant vaut mieux que cette offrande.
Je le sais, chers messieurs, mais mon petit trésor
N'est pas très bien chargé de belles pièces d'or.
Quand on fait ce qu'on peut, il n'y a rien à dire.
Honi ! serait celui qui oserait médire.
Le défi est porté ! je donne mille francs,
Au Crédit Lyonnais, en beaux écus sonnants.
Je les ai déposés en toute confiance
Pour un des grands savants du Monde ou de la France,
Qui pourra me prouver que mon récit est faux,
Qu'il aurait mieux valu faire des madrigaux.
Dites ce qu'il vous plaît, ce n'est point mon affaire,
Gagnez les mille francs à prouver le contraire.
C'est au quatre-vingt-un, boulevard Magenta
Que j'ai mis le montant. Vous le trouverez là !
Il vous sera remis, j'en donne ma parole.
Mais avant il faut que nous fassions bonne école.
Le trente-un décembre mill neuf cent dix
Finira le défi...., sans dédit, cadédix,
Le temps est assez long pour que l'on s'y prépare.
Il ne faut point qu'après, et sans nous crier gare

L'on vienne réclamer l'argent qui n'y est plus.
Trop tard ! lui dirait-on : les jaunets disparus
Ont passé de la caisse à la poche du maître,
Si vous êtes plus fort, faites-nous le connaître.
Le monde saura bien apprécier l'ivrai'
D'avec le beau froment, si vous nous dites vrai ;
Mais quant aux mille francs... trop tard votre visite.
Sans vous fâcher, monsieur, disparaissez bien vite,
Maintenant, tout est dit ! nous parlons sérieux.
Moi qui vous parle en vers, je suis déjà bien vieux,
Malgré tous mes hivers, j'ai bien bonne mémoire,
Et mes quatre-vingts ans, si voulez m'en croire
N'ont pas été de trop pour faire mon récit,
Sur tous les Univers que je vous ai décrit.
C'est avec sentiment de probité sincéré
Que j'ai tout dévoilé sur cet obscur mystère.
Mais à l'âge où je suis, sans aucune ambition,
Je voudrais que l'on sut que dans cette Nation,
Ce pays bien-aimé qu'on appelle la France ;
La Ville de Paris, la corne d'abondance,
D'où s'échappe à grands flots, en proses et en vers,
Le génie tout puissant qui remplit l'Univers ;
Un homme y a vécu presque toute sa vie.
Il en a fait sortir une œuvre de génie
Qui, par son érudit et sa franche clarté,
Sut dévoiler à tous, la pure vérité.
De cette vérité, qu'en cent lieux à la ronde ;
Et plus tard, en tous lieux, étonnera le Monde.
Celui qui vous l'a dit n'est certes pas un Dieu ;
Vous connaissez son nom, c'est.... Louis Panaffieu.

LA VÉRITÉ

SUR LA

CRÉATION DE L'UNIVERS

CHAPITRE PREMIER

Qui donc jusqu'à ce jour depuis que le monde est monde, a pu se flatter d'avoir dévoilé les mystères de la Vérité sur la création de l'Univers? Qui? Personne jusqu'à présent. Savants, Théologiens ou Philosophes, qui ont traité la question de la création de l'Univers, se sont tous servis d'un voile impénétrable qu'ils ont appelé Mystère!

Qu'entendez-vous, je vous prie, par ce mot, que personne ne connaît et ne comprend pas, et que vous ne comprenez pas vous mêmes; mais dont vous vous servez pour couvrir les suppositions imaginées que vous avez dites ou bien que vous avez écrites?

Le mystère est un rideau impénétrable,

derrière lequel vous cachez un fétiche quelconque qui vous sert de point d'appui, lorsque vous vous sentez embarrassés pour expliquer une vérité que vous ne trouvez pas.

Alors, vous dites à vos lecteurs ou bien à votre auditoire, qui veut bien vous écouter : ceci est un mystère qu'il faut croire, mais ne pas chercher à comprendre.

Et la farce est jouée.

Autant que je puisse me rappeler, il y a un vieux proverbe qui dit : « La vérité n'est pas toujours bonne à dire. »

Certes, si nous nous en rapportons à l'histoire, il fut des époques où il n'aurait pas fallu dire la vérité, telle que je vais sûrement vous la faire connaître.

A l'époque dont je parle, le mystère ! symbole des inquisiteurs, brillait dans toute sa noirceur ténébreuse.

Le mystère était plus puissant que tous les rois de la Terre, devant lequel ils s'inclinaient jusqu'à baiser la poussière. Il était soutenu par l'ignorance et, plus fortement encore, par le fanatisme.

Tout ce groupement d'abrutissants personnages n'auraient pas hésité d'allumer le bûcher sur la place publique pour nous y faire brûler, moi avec, la vérité dans les bras ; après quoi, nos cendres auraient été jetées au vent, pour qu'il n'en restât pas seulement l'ombre du souvenir.

Tandis qu'aujourd'hui je n'aurai que des contradicteurs intellectuels dont le nombre sera grand.

D'abord, les astronomes, parce que je devance leurs prévisions. Ensuite, les philosophes, qui ont écrit des milliers de volumes à la recherche du bon Dieu, qu'ils n'ont jamais trouvé. Viennent après, les romanciers, qui ont rempli toutes les bibliothèques de romans, dont les dénouements n'ont été trouvés que grâce à l'assistance de Dieu.

Nous nous trouvons ensuite en présence de l'éteignoir en robe noire, qui, depuis que le monde est monde, a soutenu et nous a bourré la tête de cette croyance : que Dieu avait créé le Soleil, la Terre, les Etoiles, les Plantes, les Animaux et les Hommes en six jours, et il s'était reposé le septième.

Voilà les contradicteurs que je vous dénonce !

Heureusement que l'homme de ce jour, dont l'intelligence se développe comme les progrès de la lumière qu'il invente, possède à son actif l'esprit de sa pensée qui est aussi prompt à comprendre que l'étincelle électrique qui nous éclaire aujourd'hui.

Et cette lumière, qui prouve le développement intellectuel de l'homme d'aujourd'hui, dont le progrès marche toujours, n'éclairera véritablement le monde qu'en l'an 2000.

Un siècle à peine nous en sépare. C'est le temps nécessaire pour que le cerveau de l'homme soit préparé et que la Vérité, son flambeau à la main, ait terminé son œuvre de pénétration.

Mais, jusque-là, le siècle qui va s'écouler est rempli de menaces, à cause du doute qui règne sur l'existence de Dieu.

Et ce doute, dont les hommes en font une réalité, sans savoir pourquoi, ni sans en connaître le fond, les entraîne à détruire et bouleverser des dogmes, des croyances et des religions qui, depuis que l'homme est sur la Terre, a soutenu l'espérance de nos pères, les a fait vivre dans l'espoir d'une autre vie plus heureuse et soutenu leur espérance défaillante.

Pourquoi agir ainsi? vous qui ne savez ce que vous faites! Qu'allez-vous mettre à la place de ce que vous avez détruit? Rien!

Qu'allez-vous devenir? à présent qu'il ne reste plus rien : ni Foi, ni Espérance!

Voilà ce que vous avez fait, ou bien ce que vous allez faire, en écoutant ces grands parleurs insensés qui ne laissent sortir de leur bouche que des paroles de haine, de mensonge et d'anarchie. Vous créez le chaos, la discorde et la désorganisation sociale qui mènent indubitablement à la révolution.

L'homme abreuvé de ces doctrines se croit délié de ses croyances, pour agir librement selon ses désirs, sa volonté et ses ambitions.

Qu'il prenne garde à ses entraînements. Qu'il se raisonne, se reconnaisse; qu'il sache ce qu'il est et ce qu'il vaut. Qu'il reste ce qu'il doit être, laissant à chacun le droit de composer sa vie selon sa valeur, ses capacités ou son intelligence.

Si la sagesse guide les hommes pendant le cours de ce siècle, le cataclysme qui les menace peut passer au-dessus de leur tête. Mais si mon raisonnement est incompris, si les hommes persistent dans leur ambition cupide, tant pis pour eux! Que la Fatalité suive son cours et que les événements s'accomplissent.

Après la tempête, le calme renaîtra. La raison remplacera la folie humaine. La Foi nouvelle rentrera dans le cœur de l'homme. Elle repoussera les préjugés du passé. L'instruction des mystères et des utopies sera supprimée. L'étude de la Vérité remplacera l'obscurantisme des temps passés. La fin du siècle approchera et l'an 2000 verra paraître à l'horison, dans une auréole de lumière; la Vérité dans sa resplendissante beauté éclairant le Monde. Unissant dans un même sentiment d'union, d'amour et de fraternité tous les peuples de la Terre.

CHAPITRE II

Réflexions.

La création de l'Univers n'est pas un vain mot, ni une phrase jetée au Hazard. J'ai promis de vous démontrer d'une façon palpable et comprise de tous, comment l'Univers a été formé, autrement dit : comment il a été créé.

Mais, je dois vous prévenir qu'il m'est impossible de suivre les préceptes inspirés par nos ancêtres, qu'ils nous ont inculqués dans notre cerveau. Que Dieu n'avait qu'à lever le doigt et dire : Je veux ! Et le Monde était créé.

C'est très joli. Celà tire même du sublime; mais, ce n'est pas vrai.

Fâchez-vous, si vous le voulez, mes chers lecteurs et chères lectrices. Mais la Vérité guide mon devoir et je marcherai avec Elle.

Vous avez un enfant de 4 ans. Faites-lui

grimper la butte Montmartre et dites-lui : Tu vois le Sacré-Cœur ? Eh bien, le Bon Dieu est venu, il a levé le doigt et il a dit : je veux ! Et le Sacré-Cœur a été immédiatement bâti.

Ramenez-le à 5 ans, à 6 ans, à 7 ans, et tenez-lui le même langage. Et l'enfant finira par s'incarner dans la tête, que c'est le bon Dieu qui en disant : Je veux ! a créé le Sacré-Cœur.

Mais, lorsque l'âge de raison viendra, s'il n'est pas borné ou tout à fait abruti, en raisonnant un peu, il se dira : Pour bâtir le Sacré-Cœur, il a fallu des pierres et du mortier, avec lequel il a fallu bâtir pierre sur pierre, ensuite du plâtre, du bois, du fer. Et le bon Dieu ne pouvait pas avoir tout cela dans sa poche. Et les pierres ne se sont pas élevées toutes seules.

Et le père de répondre à son fils : Rien n'est impossible à Dieu.

Voilà le mystère ! voilà l'obscurantisme ! voilà l'abrutissement !

Et moi, tout comme l'enfant, je dis : Pour créer l'Univers, il fallait trouver les matériaux et du temps. Or, comme ces matériaux n'existaient pas, il nous les faut créer. Et pour les créer, il va nous falloir du temps. Et le Temps c'est tout, puisque sans le Temps nous ne pouvons rien faire.

Vous verrez que lorsque nous créerons l'Univers, si le Temps ne nous aidait pas, ce n'est pas en disant : je veux ! que le Monde sortira tout à coup du Néant où rien n'est encore créé.

Donc, avant de créer l'Univers, nous avons bien des choses à créer. Et chaque chose que nous allons créer, va nous demander non pas des années, mais des siècles, non pas par dizaines, mais par centaines de siècles et plus encore.

Ceux de mes lecteurs qui voudront me suivre à travers les espaces de l'Infini, à la découverte des matériaux qui ont servi à la Création de l'Univers, je leur promets un joli voyage d'agrément et surtout fort instructif, Attendu qu'ils apprendront des choses qu'ils ne connaissent pas et qu'ils n'auraient jamais connues.

J'ai déjà fait le voyage et je serai pour vous un bon guide. Je vous procurerai à chacun un véhicule, qui fera plus de chemin que le meilleur des autos de nos temps modernes sans écraser personne.

Sachez que l'homme tout attaché à la Terre, qu'il est par sa composition et ne pouvant la quitter, représente en présence de l'Infini un simple petit grain de sable. Et ce corps, tout infime qu'il paraît être, en recevant la vie au moyen de la chaleur solaire, a reçu en même temps l'esprit de l'intelligence.

Cet esprit enfermé dans ce petit grain de sable, par la volonté de la vie que l'homme possède, devient immédiatement aussi immense que tous les espaces de l'Infini.

C'est donc cet esprit de la vie qui va devenir le véhicule de votre intelligence et la conduira partout où je me transporterai. Jusqu'à ce que nous ayons trouvé, après des milliards de siècles de marches à travers l'infini, le commencement des commencements de la création.

Donc, si votre intention est de me suivre, autorisez votre esprit à sortir de votre petit corps. Cet esprit emportera avec lui votre intelligence dans les espaces de l'Infini, en suivant la route que je vais lui tracer.

Cette intelligence qui, jusqu'à présent, s'est trouvée arrêtée par des limites qu'elle n'a jamais pu franchir, va se développer à des étendues qui dépasseront non seulement le monde ; mais, après avoir parcouru notre Univers, s'abandonnera dans les espaces de l'Infini sans limites, au milieu duquel elle se plaira à voyager sans cesse, oubliant pendant ce temps toutes les petites misères de notre existence sur cette pauvre Terre.

CHAPITRE III

L'Univers.

Avant de quitter la Terre et abandonner notre Univers dans le sein duquel nous vivons, il faut que vous me suiviez, conduits par l'esprit de votre intelligence, qui va commencer son premier développement, en apprenant à connaître ce que c'est que notre Univers.

Il y a plusieurs manières de vous l'expliquer, et pour la facilité du développement, je vais toutes les passer en revue.

L'Univers représente une grande étendue, au milieu des espaces de l'Infini. Cette grande étendue est composée d'un Soleil qui est le maître de tout son Univers. Il dirige à sa volonté des Mondes comme le nôtre et que l'on appelle des planètes. Le nombre de ces planètes n'est pas défini ; mais le Soleil, comme maître absolu, doit subvenir à l'entretien substantiel de toutes les planètes qui gravitent autour de Lui.

D'autre part, l'Univers représente une grande ferme dont le Soleil est le fermier ; les planètes sont les champs à cultiver, et les hommes sont les travailleurs de la ferme.

L'Univers représente un royaume dont le Soleil est le roi ; les planètes sont ses provinces, et les habitants représentent ses sujets.

L'Univers représente encore une grande maison habitée par le père, qui est le Soleil ; par ses femmes, qui sont les planètes, et les hommes, qui sont leurs enfants.

Donc, l'Univers représente une grande famille dont le Soleil est notre père ; la Terre est notre mère, et nous sommes leurs enfants.

Et comme il y a beaucoup de planètes dans notre Univers, le Soleil a une grande quantité d'épouses, et chacun élève ses enfants à sa façon. Ce dont nous n'avons pas à nous occuper. Tandis que le Soleil, qui est l'époux et le père, se trouve dans l'obligation de fournir à chaque épouse la subsistance nécessaire pour nourrir ses enfants.

Voilà, en résumé, ce que c'est que notre Univers, dans le sein duquel nous vivons. Et nous supposons que toutes les étoiles de l'Infini, qui sont toutes des Univers comme le nôtre, sont à peu près semblables.

CHAPITRE IV

L'Infini.

Maintenant que vous connaissez notre Univers, et que vous savez le rôle et la place qu'il occupe dans l'Infini, nous allons le quitter en laissant notre petit corps sous la garde de notre mère la Terre ; tandis que l'esprit de notre intelligence ira parcourir les espaces à travers les siècles.

Nous nous élançons dans l'Infini en dehors de notre Univers. Nous nous arrêtons à un point quelconque, sans nous occuper de l'endroit ou nous sommes ; et nous nous trouvons toujours au milieu des espaces.

Là ! nous établissons nos quatre points cardinaux. Nous nous enfonçons vers le nord qui est en face de nous. Nous parcourons par l'esprit de notre pensée une distance d'environ un milliard de lieues.

Tout le temps du parcours, nous cherchons à droite, à gauche, et devant nous, autant que l'esprit de notre pensée peut fouiller dans les profondeurs de l'Infini. Et partout nous ne voyons que d'étoiles, et toujours d'étoiles plus grosses les unes que les autres.

C'est à ce moment que votre intelligence fort tranquille dans l'esprit de votre pensée, doit commencer à comprendre que toute la partie nord de l'Infini, est remplie d'étoiles dont le nombre est incalculable.

Nous revenons au centre de nos quatre points cardinaux, et nous nous enfonçons cette fois vers le sud jusqu'à un milliard de lieues, et à droite, à gauche ou dans les immenses profondeurs du midi, ce sont toujours des étoiles sans nombre. Nous recommençons à l'est et à l'ouest, partout le même résultat.

Après cette excursion de quatre milliards de lieues, nous revenons à notre point cardinal, et là! assis chacun dans son véhicule de la pensée, tout en se reposant de ce grand voyage nous tenons conseil, et voici ce que je vous apprends.

Sachez que ces milliards d'étoiles que vous venez de parcourir ne représentent qu'une faible partie d'étoiles qui existent dans les espaces de l'Infini.

Sachez de même que chaque étoile de l'Infini représente un soleil. Et comme chaque Soleil possède autour de lui son

Univers, dans lequel gravitent des quantités de planètes qui sont des Mondes
comme le nôtre, et dont le nombre est pro-
portionnel à la grosseur du soleil; il s'en
trouve parmi eux qui sont cent fois et mille
fois plus gros que le nôtre, et qui sont entourés de plusieurs centaines de planètes.

Vous qui voulez savoir, développez votre
intelligence; admirez ce beau spectacle de
l'immensité, en songeant que chaque étoile
est un Univers, auquel il faut à chacun une
large place dans l'Infini, et qui se trouvent
séparés les uns des autres par des distances
incalculables.

Ce spectacle en vaut bien un autre; il est
bien fait pour développer l'intelligence humaine, lorsqu'après avoir laissé notre petit
corps à la surface de la Terre, nous nous
trouvons par l'esprit de la pensée emportés
à travers l'espace au milieu des quatre
points cardinaux de l'Infini, à contempler
ce sublime spectacle de la Nature dans son
immense étendue et sa superbe majesté.

Mais avant de quitter ces lieux, je dois
vous dire que tous les soleils, d'après leur
constitution, ont tous une même forme, qui
est sphérique et ne varie jamais, tandis que
leurs planètes, qui sont d'une constitution
différente, peuvent prendre des formes, très
variées, qui les diffèrent les unes des autres

et leur permettent d'être reconnues, sans difficultés.

Les astronomes sont à même de le reconnaître en observant les planètes de notre Univers dont aucune ne ressemble à une autre.

Tout comme les hommes qui bâtis de la même façon, aucun ne se ressemble.

Si, parmi les lecteurs, il s'en trouve quelques-uns qui aient parcouru les bains de mer dont les plages sont chargées de galets. Parmi les milliards de ces galets, qui chantent sous les pieds lorsque l'on y marche dessus, ils n'en trouveront pas deux qui se ressemblent ; cela provient des mélanges généalogiques qui ont formé tous ces sujets.

Tandis que les Soleils, n'ayant pas de généalogie, restent intacts de forme et se ressemblent tous.

Quittons ces lieux et précédons, d'un milliard de siècles, la naissance de ces Univers, afin de connaître l'état de l'Infini et ce qu'il était il y a un milliard de siècles.

Nous nous replaçons au milieu de nos quatre points cardinaux et nous faisons le même voyage que nous avions déjà fait. Et, partout, nous retrouvons autant d'Univers que nous en avions vu à notre premier voyage.

Avançons encore dans le passé d'un milliard de siècles de plus. Ici la quantité d'Univers semble légèrement diminuer.

Nous avançons toujours par milliards de siècles dans le passé, et chaque fois le nombre d'étoiles diminue.

Enfin, après plusieurs milliards de siècles, nous nous trouvons en présence d'une seule étoile, au milieu de cet infini immense, dont les profondeurs, de toutes parts, sont remplies de ténèbres impénétrables.

Cette étoile unique représentait le premier Soleil qui avait été créé, et ce premier Soleil représentait autour de Lui le premier Univers.

CHAPITRE V

Les Esprits.

Laissons donc cet Univers, qui fut le premier à répandre ses rayons dans ces immensités ténébreuses, et cherchons un milliard de siècle plus avant pour savoir ce que nous y trouverons.

En cet endroit, plus d'Univers, plus de

soleils et plus d'étoiles; c'étaient les ténèbres dans leur immense grandeur.

Nous pourrions supposer que c'est ici que s'est formé le commencement de la création. Mais il n'en est rien. Nous nous trouvons ici dans le sein de l'Infini. De cet Infini qui n'a aucune limite. Au milieu de cet immensité ténébreuse, où l'on ne voit rien, où l'on ne sent rien; où l'on ne devine rien. Où l'on croit que c'est le néant de toutes choses.

Et cependant il n'en est rien.

Cet Infini, au contraire, est rempli de toutes parts, sans qu'il s'y trouve un espace grand comme la tête d'une épingle, sans être inhabité.

Sa population est différente de celle qui composait les Univers; mais c'est avec cette population que les Univers ont été créés.

Combien de temps a-t-il fallu pour créer cette population fantastique qui a rempli toutes les immensités de l'Infini, sans qu'il n'y restât la moindre trace de vide?

Nous avons compté par milliards de siècles pour arriver à découvrir le premier soleil qui avait été créé; mais, pour trouver le commencement de la création de cette population mystérieuse qui remplit tous les espaces de l'Infini, il nous faudrait compter par centaines de milliards de siècles.

Voulez-vous savoir maintenant quels sont les habitants qui grouillent dans ces immensités ténébreuses? se poussant, se heurtant, se culbutant, s'unissant et se désunissant sans cesse, inconscients d'eux-mêmes, ignorant ce qu'ils sont, d'où ils viennent, et ce qu'ils peuvent être, et possédant chacun dans son for intérieur l'instinct de ce qu'il est, de ce qu'il doit être et de ce qu'il sera lorsque la vie aura pénétré dans cet être, qui n'en est pas un.

Cette population qui remplit tous ces espaces au milieu desquels nous sommes, qui nous cottoie sans cesse, et que nous ne devinons pas, ce sont les esprits de la pensée. De ces esprits qui font partie de nous-mêmes, qui sont les essences de notre vie, qui nous suivent en venant au Monde, et qui nous permettent de pénétrer dans les ténèbres au milieu de ce grouillement spirituel d'où nous sommes sortis, emportant avec nous l'esprit d'une pensée qui doit guider notre existence, en nous conduisant vers les sentiment du bien où vers les sentiments du mal.

Nous voilà donc par la pensée bien loin de notre pauvre Terre, sur laquelle nous avons quitté notre corps qui travaille à gagner sa vie, pour entretenir la matière dont il est composé.

Combien *avons-nous* franchi de milliards de siècles pour arriver où nous sommes, et dans cet immense parcours, combien *avons-nous* vu de choses qui, jusqu'à présent, nous étaient restées inconnues.

Nous voilà donc dans l'Infini, dans le royaume des esprits au milieu duquel se sont formés tous les Soleils que nous voyons et que nous ne voyons pas, entourés de leurs Univers avec toutes leurs planètes, qui en ce moment remplissent les espaces de l'Infini.

Ne croyez-vous pas, chers lecteurs, qu'en vous exposant les espaces de l'Infini, et en les précédant de milliards de siècles, j'ai voulu à ma façon faire une composition sensationnelle des siècles passés. Tout comme j'aurais pu fixer les distances et les dates à des milliers de lieues ou des milliers d'années.

J'ai trop étudié la grandeur de l'immensité pour m'être trompé dans mes calculs; vous pouvez les croire tels que je vous les ai approximativement définis.

CHAPITRE VI

Le Néant.

Nous allons quitter ce royaume des ténè
bres et chercher dans les profondeurs des
siècles, ce qui pouvait exister avant la nais
sance des esprits et connaître leur prove
nance.

Lorsqu'en devançant les siècles, nous
arrivons peu à peu à nous trouver en pré
sence d'un vide inexplicable. Il règne quel
que chose indéfinissable qui nous retient le
souffle, la parole nous manque, nos yeux
se ferment, la voix s'éteint et notre pensée
s'arrête; nous ne pouvons aller plus loin,
c'est la fin de tout.

Où sommes-nous en ce moment où tout
disparaît devant nous? Où le gouffre de
l'Eternité nous arrête et semble nous dire :
tu n'iras pas plus loin!

Nous sommes dans le Néant!

Quelle puissance que ce mot : Néant!
Que veut dire ce mot qui donne le frisson à
celui qui veut bien le comprendre?

Ce mot Néant veut dire : Rien, Rien, ab
solument Rien!

Et ce Néant qui dit Rien, veut dire en même temps : Tout, Tout, absolument Tout !

Voilà le problème des problèmes, qui a fait tourner la tête à bien des hommes; mais jamais jusqu'à présent aucun n'a eu le courage d'en entreprendre la définition.

C'est ce que je vais essayer de faire avec l'assurance d'une heureuse réussite, qui laissera dans la pensée de mes lecteurs une impression qui restera ineffaçable.

Mais avant d'aller plus loin, nous nous trouvons en présence d'une hypothèse mystérieuse que nous devons éclaircir et mettre nettement à jour. C'est ce mystère qui nous a été inculqué dans notre enfance, qui nous a troublé jusqu'à ce que nous ayons acquis l'âge de raison; où le commencement du doute a travaillé notre cerveau et nous a mis en présence du Oui et du Non.

L'on nous a appris que Dieu avait tout créé !

Si Dieu a tout créé, il faut arriver à s'entendre sans confusion, et je demanderai à savoir lequel ?

Vous n'ignorez pas que chaque religion possède le sien ? à qui elle a donné un nom différent, dont l'un se nomme Allah, d'autres portent les noms de Jehova, Boudha, Jupiter, etc., etc.

Les Indiens, eux aussi, en possèdent qui

s'appellent : Pilham, Michabou, Wacondha et d'autres que nous ne connaissons pas.

Dans ce nombre, il faudrait savoir lequel est le bon : c'est là où la question me paraît délicate, car enfin, chaque religion a le droit de se dire : le bon c'est le mien.

C'est donc à nous à chercher ce Dieu créateur s'il existe, et c'est ici dans le Néant de l'Eternité que nous devons le trouver dans toute sa splendeur et toute sa gloire.

Vous! qui jusqu'à présent m'avez suivi pas à pas à travers les milliards de siècles, qui se sont écoulés depuis l'époque où nous sommes actuellement, jusqu'au commencement de la création, vous voudrez bien vous reposer de ce long voyage, Il vous est impossible d'aller plus loin, une barrière infranchissable vous arrête. C'est le Néant. Arrivé à cette limite où l'esprit de votre pensée, tout subtil qu'il puisse être à pénétrer partout, n'a plus le droit d'avancer dans les profondeurs de ce Néant qui est l'Eternité.

Laissez-moi seul accomplir ce voyage dans ces profondeurs sans limites et écoutez bien ce que je vais vous apprendre.

CHAPITRE VII

L'Eternité.

L'Eternité où je pénètre n'a pas de limites. C'est le Néant de tout. C'est l'arrêt de la pensée. Il est impossible de savoir s'il fait jour ou s'il fait nuit. La respiration s'arrête; c'est la fin des fins; c'est pour tout dire : l'Eternité.

C'est donc dans ce Néant de toutes choses que je dois chercher ce Dieu créateur qui, du bout du doigt, en disant : Je vœux ! fait sortir de l'Eternité le Ciel rempli d'étoiles, la Terre, les plantes, les animaux et les hommes. Remplissant immédiatement par son autorité dominante toutes les immensités de l'Infini.

Je cherche en vain. Je parcours les siècles passés. Je marche toujours et sans cesse, à travers les millions et les milliards des siècles passés, et je ne trouve aucun obstable qui m'arrête et qui me dise : Tu n'iras pas plus loin ! Je ne trouve devant moi que l'Eternité.

Vous lecteurs qui jusqu'aprésent aviez eu quelques doutes sur l'existence de Dieu. Vous dont la croyance en Dieu était à peine ébranlée. Vous qui aviez pleine confiance en cet être suprême. Vous enfin qui, jusqu'à la mort, auriez soutenu que Dieu seul était le maître de nos destinées; venez me prouver qu'il existe. C'est le moment de me le montrer, à moi qui ne le vois pas et qui ai beau le chercher; rien ne me prouve sa présence, à moi qui ai tout fouillé dans les immensités de l'Infini, dans la clarté de la lumière et dans les profondeurs des ténèbres.

Je vous déclare hautement que Dieu n'existe pas et qu'il n'a jamais existé, et pour vous confirmer ce que je vous dis je vais immédiatement vous le démontrer de manière qu'il ne subsiste plus aucun doute.

Ne trouvant pas ce Dieu qui, jusqu'à ce jour, a troublé l'imagination des hommes, je fouillai sans cesse ces immensités éternelles qui n'avaient jamais cessé d'être, et que tous les milliards de siècles que l'on pourrait additionner pour trouver un commencement, n'aboutiraient jamais. Je me trouve en présence des immenses solitudes de l'Eternité du Néant.

C'est là, au milieu de ces immensités, que je me fis cette réflexion : que Dieu seul, au milieu de l'Eternité, n'aurait rien pu créer.

Pourquoi, me demanderez-vous? Je vais vous le dire : Parce que Dieu seul ne formait qu'un principe. Et, pour créer, il faut toujours deux principes, diamétralement opposés l'un de l'autre.

Et ces deux principes, qui devaient tout créer, il fallait les trouver. Cette tentative fut couronnée de succès : je découvris les deux principes créateurs qui devaient, avec le Temps, remplir ces immensités vides de tout : d'Univers avec leur Soleil; leurs Terres et leurs planètes. Mais Dieu n'y était pour rien, parce que Dieu n'existe pas!

Dans la description que je vais avoir l'honneur de vous faire, je prie mes chers lecteurs de me suivre sans parti-pris, Avec toute l'indépendance d'appréciation que mérite une œuvre qui va percer les ténèbres, pour mettre à jour la vérité sur ce mystère, qui a fait écrire tant de livres, basés sur l'impuissance d'un Dieu qui n'a jamais existé.

Le premier de ces principes, qui devait tout créer, ce fut le Hasard, ce principe que chacun n'apprend à connaître que lorsque son œuvre est accomplie. Il était tel au commencement des commencements qu'il est aujourd'hui, et tel qu'il sera jusqu'à la fin des siècles. Il n'a jamais eu de commencement, et il n'aura jamais de fin.

Le Hasard, aussi subtil que supposé, est un principe imagé que l'on devine être, mais que l'on ne peut définir, parce qu'il n'est composé de rien. Il est de tout temps et de tous lieux. Il remplit tous les espaces, et l'on ne le devine jamais.

Le Hasard représente l'idéal de la puissance et du principe mâle. Il porte dans son essence les sentiments heureux.

Depuis l'infinité des siècles passés, il marchait sans cesse à l'aventure dans les espaces infinies du Néant. Mais le moment était arrivé où il sentit le besoin de l'union.

Dans ces immensités, dormait d'un sommeil léthargique le deuxième principe. C'était le sommeil de la mort éternelle. Ce principe s'appelle la Fatalité. Il est aussi subtil et aussi supposé que le Hasard. Il est de même de tout temps et de tous lieux. Il n'a jamais eu de commencements et n'aura jamais de fins. Et nous, qui sommes de ce siècle, nous n'apprenons à le connaître qu'après l'accomplissement de son œuvre.

Le Hasard, qui depuis les temps infinis marche sans cesse à l'aventure, représente la puissance, le mouvement et le sexe mâle.

La Fatalité, qui, de même, n'a jamais eu de commencements, parce que, comme le

Hasard, ils se sont insensiblement formés tous les deux avec les éléments éparpillés dans les espaces du Néant, après des milliards de siècles. La Fatalité, dis-je, représente l'impuissance, l'inertie et le sexe femelle.

C'est à ce moment que le Hasard éprouva les besoins de l'union. L'accomplissement de ce mystère devait changer le calme qui, depuis tant de siècles écoulés, ne s'était produit dans les espaces du Néant.

CHAPITRE VIII

L'heure du réveil avait sonné. Le commencement des commencements.

Le Hasard n'avait pas à choisir. Il n'avait en présence que la Fatalité. Il s'unit à la fatalité. Le contact de cette union produisit dans tous les espaces du Néant un frisson qui réveilla la Nature et tous les espaces en furent troublés.

Le Temps, qui dormait de son sommeil léthargique depuis des myriades de siècles,

se réveilla pour marquer la date du commencement des commencements; et assister à toutes les évolutions de la création,
qui allaient se produire dans le sein de la
Nature, qui de ce moment représentait la
matrice du Néant.

Le trouble qui s'était produit dans le sein
de la Nature, avait éveillé des myriades
d'atomes dont chacun représentait l'essence
qui devait plus tard former les esprits de
toutes les pensées bonnes et mauvaises.

De cette union il devait rester un souvenir qui s'éterniserait par la suite des
siècles.

Un atome plus petit que la pointe d'une
aiguille fut pris parmi tous. Mais le Hasard
voulut que cet atome eût les mêmes sentiments de puissance et de domination que le
père de la création. Ce fut un atome dont la
pureté était exempte de toutes mauvaises
pensées; et que nous appellerons : Esprit
pur.

Dans toutes les parties du Néant, que nous
pouvons désigner comme les distances qui
séparent les étoiles, il se produisit ou il se
produira insensiblement des créations d'a-
tomes semblables à celui que nous venons
de définir.

La Nature, cette matrice du Néant, avait
éprouvé à son réveil une sensation qui

s'était répandue dans tous les espaces infinis. Elle venait d'éprouver les premières émotions de la maternité. Mais comme l'Infini n'a pas de limites, et ne pouvant donner en même temps la nourriture à tous ses enfants, elle dut former une matrice à chaque Esprit pur, au fur et à mesure de leur naissance.

Chaque matrice enveloppait l'Esprit pur qui venait de naître, devint sa propre mère et fut chargée de procurer au nouveau-né la nourriture dont il avait besoin pour entretenir sa vitalité.

De ce moment, le Néant disparaît, puisqu'il se trouve habité par un nombre infini d'atomes d'Esprits purs et prend, pour toujours, le nom d'Infini.

Nous avons dit qu'au premier contact d'union du Hasard et de la Fatalité un frisson général avait réveillé la Nature, et, dans ce réveil, tous les espaces du Néant avaient été troublés.

D'où provenait ce trouble ? C'était de même le réveil de l'essence qui devait former plus tard l'esprit de toutes les pensées, de tous les sentiments et de toutes les passions, bonnes et mauvaises, et qui, plus tard encore, formeraient la composition de l'esprit de l'homme. C'était de même le réveil des essences qui plus tard forme-

raient les esprits des sels, des minerais, des
couleurs et des métaux ; qui plus tard encore formeront la matière, et cette matière
formera le corps de la Terre et des planètes, et le corps des hommes.

Donc tout l'Infini était rempli d'atomes
essentiels qui, plus tard, formeront tous
les Univers.

La matrice de chaque atome d'Esprit pur
fut chargée d'attirer vers lui la nourriture
qui lui était nécessaire. Et ce fut dans cette
immensité d'atomes répandus dans le sein
de la Nature qu'elle puisa sans cesse.

Parmi les atomes attirés vers l'Esprit
pur, il s'y trouva des impuretés. L'Esprit
pur se nourrit de tout ce qui était pur et se
débarrassa de tout ce qui était impur.

Que pouvait être cette nourriture que la
Nature apportait à son rejeton ? C'étaient
des fluides essentiellement éthérés, que l'on
pourrait dire supposés, qui n'avaient ni
corps ni âmes, invisibles et impalpables,
inconscients de leur existence ; c'étaient les
atomes essentiels que nous avons décrits
plus haut et qui devaient former les esprits
de la pensée.

Il y avait dans ce mélange l'esprit des
bonnes et des mauvaises pensées ; mais à
l'état inconscient de ce qu'ils étaient et de
ce qu'ils devaient être.

L'Esprit pur se nourrit de tout ce qui était pur et rejeta hors de Lui tout ce qui était impur. Il se développa insensiblement, tandis que les atomes essentiels de ce qui était impur formèrent une enveloppe autour de lui comme s'ils voulaient l'étouffer ; et cette enveloppe forma le premier œuf.

C'étaient les sentiments de toutes les mauvaises pensées, et de toutes les mauvaises passions puisées dans le vide de l'Infini, et données en pâture au premier-né, qui après leur avoir retiré ce qu'elles avaient de bon lès avait refoulées, et qui s'étaient groupées par instinct de mauvais sentiments, pour faire un mauvais parti à l'Esprit pur.

J'appelle ce nouveau-né Esprit pur, parce que sa naissance était composée de deux principes, dont la pureté était au-dessus de toutes les influences que pouvait contenir l'Infini ; ce Néant de rien, et qui cependant contenait toutes les essences des bons et des mauvais instincts, qui plus tard remplirent nos existences.

De plus, ce nouveau-né en prenant aux mauvaises pensées et autres ce qu'elles avaient de bon, il se développait et retenait en lui les influences de tous ces atomes dont il profitait pour développer la pureté de ses instincts, qui en faisait un Esprit pur et supérieur à tout ce qui l'entourait.

Nous savons dès maintenant que toutes les parties de l'Infini où nous voyons briller une étoile, il s'était formé à des époques différentes un atome d'Esprit pur qui, comme celui que nous venons de définir avait formé un œuf. Ce qui fait que l'Infini prend de ce moment le titre d'ovérus ! qui signifie : ovaire de la Nature, pour le distinguer de l'ovaire de l'espèce humaine.

Cet ovérus remplit tous les espaces sans limites, parce que partout dans l'Infini il s'est formé des œufs comme celui que nous venons de décrire.

Tandis que la Nature dont le rôle semble remplir tous les espaces de l'Infini, se subdivise pour servir de matrice au développement de tous les œufs qui se sont formés dans l'ovérus. Ce qui fait que chaque œuf possède une matrice semblable, qui se charge d'aller quérir les substances nécessaires au développement de l'œuf, qui se développera dans le sein de la Nature.

Voilà la disposition de l'Infini au commencement de la création.

La Nature, que l'on a cru embrasser dans son ensemble toutes les étoiles du Ciel, se trouve divisée et réduite à l'enveloppe des œufs qui se sont formés ou se formeront avec le Temps.

L'enveloppe .qui formait l'œuf dans le sein de la .nature était composée de toutes les essences impures de l'Infini. Malgré cette enveloppe les atomes des bons esprits s'infiltraient quand même et nourrissaient l'esprit pur qui se développait dans l'œuf.

Mais plus il se développait plus la pression des atomes impurs devenait grande. Cette pression fut telle que l'Esprit pur s'échauffa, et par suite de cet échauffement il se produisit au centre de l'œuf une étincelle. Ce fut la création du premier germe d'une chose quelconque qui venait de se former.

Ce germe une fois créé, eut le sentiment de la conservation. Il aspira autour de Lui les atomes impurs qui formaient la coque, les consumait à son étincelle pour en soutirer ce qui leur restait de bon.

A un moment donné, ce germe qui attirait en même temps la nourriture qui lui venait du sein de la Nature devint un foyer qui finit par remplir tout l'intérieur de l'œuf.

Alors on vit au milieu de l'Infini un globe de feu, comme nous voyons le Soleil en hiver par un matin de grand brouillard,

Cette définition que je viens de faire pour

le premier œuf, qui s'était formé au milieu de l'Infini, est la reproduction de ce qui se passa insensiblement à tous les œufs qui sont nés de toutes parts dans les espaces de l'Infini. Et à un moment donné, il y aura partout des globes de feu comme le premier qui vient d'être défini.

Voilà donc un grand pas de fait depuis le commencement de la création.

Le Temps, qui a présidé à la création du premier atome, n'a jamais cessé d'assister à son développement. Si depuis ce moment il avait pu marquer jour pour jour toutes les étapes qui se sont écoulées; en songeant que ce premier atome né au milieu de l'Infini, était moins gros que la pointe d'une aiguille; qu'il s'est développé en attirant à lui les atomes qui n'étaient pas plus gros que lui-même, et qui à ce moment possède un volume presque aussi gros que la Lune.

Calculez, chers lecteurs, combien de millions de siècles il a dû falloir, au Temps, pour constituer ce premier atome, au point où nous le voyons en ce moment.

Que les fanatiques enracinés dans leur foi, qui jusqu'à présent ont eu quelque croyance en Dieu, viennent nous soutenir encore que le Monde a été créé en six jours!

Les atomes impurs qui avaient été rejetés par l'Esprit pur et qui avaient formé l'œuf, furent absorbés par le foyer incandescent.

Ce globe de feu, en aspirant tous ces atomes essentiels de l'Infini qu'il consumait dans son foyer, aspirait en même temps les sentiments dont chaque atome était possesseur; ces sentiments étaient plus ou moins purs ou plus ou moins impurs. Ils représentaient l'essence fluidique qui, à un moment venu, formeront les esprits de toutes les passions, bonnes et mauvaises, qui plus tard formeront la vie de l'homme. Ainsi que l'esprit de tous les métaux, les minerais, les couleurs, etc., qui doivent composer la matière, tout cela sortait du grand récipient de l'Infini, à l'état d'essence spirituelle. C'étaient les sentiments de ce qu'ils étaient ou de ce qu'ils pourraient être plus tard.

Le premier germe, devenu un globe de feu, possédait dans ce foyer toutes les essences de tous les sentiments, bons et mauvais, qui, tous ensemble, étaient le groupement de tout ce que l'Infini pouvait contenir, et de ce mélange devait se produire une surprise inattendue.

CHAPITRE IX

Le Soleil.

En effet, le globe prenait un développement très grand, au moyen de l'absorption des atomes impurs qu'il consommait à son foyer.

Il se nourrissait de l'Esprit pur qu'il en soutirait. Le foyer devenait plus ardent et l'enveloppe devenait plus faible; l'heure marquée par le Temps venait de sonner : l'œuf brisa son enveloppe, et, pour la première fois, la lumière se répandit dans les espaces de l'Infini.

La lumière venait de naître. Avec la lumière naissait la vie, et l'Esprit pur devenait Soleil! Avec le Soleil naissait la chaleur qui allait se répandre autour de Lui, en donnant la vie à tout ce qu'elle toucherait.

Les rayons lumineux à leurs débuts n'étaient pas encore bien étendus, ils marchaient de front avec la force attractive, qui de ce moment forma l'atmosphère. Cette force attractive fut formée par la matrice de la Nature, qui attira les aliments vers le Soleil, et le rayonnement lumineux qui refoulait la chaleur, représentaient ensemble le commencement de l'Univers solaire.

Le Soleil grandissant, l'atmosphère s'étendait ainsi que le rayonnement; mais l'Univers était vide de tout et les rayons solaires ne rencontraient que du vide.

Cependant les atomes qui avaient été absorbés par le Soleil, et consumés dans ce foyer, commençaient à gêner l'astre. Il fallut s'en débarrasser. Il y eut alors comme des irruptions volcaniques solaires, qui chassèrent du corps tous les atomes impurs, comme l'on se dégage par déjection des matières nuisibles à sa vitalité. Lorsque ces matières furent dégagées du corps de l'astre, la force du rayonnement solaire les émietta et les répandit dans toutes les parties de son Univers.

Ces atomes quoique calcinés, consumés et dépouillés de leur essence pure dans le foyer solaire, n'en avaient pas moins conservé les sentiments de ce qu'ils étaient dans le sein de l'Infini.

Les sentiments de tous ces atomes étant composés de rien, l'action du foyer n'avait sur eux aucune prise.

Mais une fois rejetés hors du foyer et éparpillés dans l'Univers, tout en conservant leur instinct dont ils sont innés, ils restent éparpillés, inertes, inconscients de ce qu'ils sont et plus froids que la glace.

C'est à ce moment que les rayons solaires les retrouvent.

La chaleur de ces rayons réchauffa la glace, pénétra dans leur petit intérieur et leur communiqua la vie.

A peine pénétrés de cette puissance vitale, leur instinct inné se réveilla aussitôt, et ils se mirent à grouiller dans tout l'Univers, se cherchant, se devinant d'instinct, s'unissant par les mêmes sentiments, et s'attirant ensuite pour former des groupes ayant les mêmes pensées, les mêmes passions, les mêmes sentiments de couleurs et de métaux ; en un mot tout ce que l'Infini a pu fournir de bon ou de mauvais pour créer le Monde. Il y avait des groupes atomiques, des moyens, des plus volumineux qui se groupaient en masse. C'était des êtres artificiels et invisibles, puisqu'ils étaient nés de rien. C'était enfin la naissance des esprits qui, peu à peu remplissent toutes les parties de notre Univers.

Tous ces esprits se formèrent en globes, entourrés d'une atmosphère attractive, qui leur permettaient d'attirer à eux la nourriture qui leur était nécessaire. Et, comme l'Univers n'était rempli que d'Esprits, il en résultait que les gros se nourrissaient des petits.

Plus tard ces Esprits s'étant développés, il se forma des unions de tous les genres, qui créérent des variétés d'esprits dont le nombre est incalculable.

Tous ces esprits ayant reçu la vie par la chaleur des rayons solaires, quoique cette vie ne soit que spirituelle et non matérielle, ils se trouvaient dans l'obligation de l'entretenir pour la conserver; nous avons déjà dit que pour se nourrir les gros mangeaient les petits.

Mais tout être qui mange est soumis à rejeter les matières impures à sa nutrition comme déjection de matières fécales.

Cette déjection est produite par les substances absorbées qni, chez les esprits, sont toutes contraires à leur principe inné.

Exemple : Un esprit aux bons sentiments qui absorbera dans le mélange de sa nourriture des esprits ayant des passions criminelles, il se nourrira des esprits qui ont de bons sentiments et rejettera, comme déjection fécale, les esprits aux passions criminelles.

Ces déjections de toutes sortes, dont les unes proviennent de bons esprits et d'autres de mauvais, sont de nouveau éparpillées dans les espaces de l'Univers. Elles sont plus compactes que les esprits, et se trouvent mêlées dans le grouillement universel.

Malgré *l'état* inerte où elles se trouvent, ces déjections n'ont rien perdu de leur sentiment inné dans leur petit corps.

Ce sentiment, qui est le principe de leur provenance, ne les quittera jamais.

C'est ce sentiment qui leur vient de l'Infini, qui leur permet de retourner dans cet Infini où ils ont éternellement vécu, malgré les transformations auxquelles ils sont soumis dans notre Univers.

Voilà pourquoi nous avons le droit de parcourir les espaces de l'Infini et pénétrer les mystères qui nous avaient été cachés jusqu'à ce jour; parce que notre corps, malgré les transformations généalogiques par lesquelles il a passé, a toujours conservé le sentiment inné du principe dont il était pénétré dans l'infini et qui ne le quittera jamais.

Ces matières impures provenant des déjections des esprits, réduites en poussières atomiques et éparpillées dans les espaces de l'Univers, auraient pu rester en cet état pendant une éternité; mais le soleil, au milieu de ce monde d'esprits et poussières impures de la matière déjective, ne pouvait pas les laisser dans l'inertie, lorsqu'il avait en son pouvoir ce qu'il fallait pour leur inculquer le mouvement et la vie.

Et au moyen de ses rayons, il envoya à chaque grain de poussière atomique sa chaleur dont il disposait à volonté. Et chaque fois que la chaleur avait enveloppé un grain atomique elle, lui donnait le mouvement et la vie.

CHAPITRE X

Le Monde Céleste.

Ces petits êtres mycrobites qui viennent de prendre naissance représentent une génération nouvelle; autrement dit : une nouvelle période dans la création de l'Univers. C'était des demi-esprits.

Cette génération, un peu plus perfectionnée que celle des esprits, aura le don d'être composée d'esprit et de matière; elle trouvera sa nourriture chez les esprits de toutes sortes qu'elle absorbera à volonté. Elle se développera peu à peu et prendra insensiblement des proportions assez vastes. Ses formes étaient sphériques et entourées d'une atmosphère attractive qui lui permettait d'attirer sa nourriture et de se maintenir au milieu des espaces.

Elle n'avait pas l'invisibilité des esprits; elle était d'une transparence compacte; ses déjections devinrent plus fortes, se répandirent comme les précédentes dans les espaces de l'Univers en poussières atomiques; certaines, enveloppées par la chaleur solaire, prirent naissance et formèrent des êtres de toutes espèces dont quelques-uns prenaient des proportions plus développées que les précédentes, tandis que d'autres atomes provenant de matières déjectives formaient les terres aériennes de l'Univers qui, échauffées par la chaleur solaire, fermentaient et produisaient une végétation aérienne qui nourrissait certains animalcules célestes qui n'avaient pas l'esprit carnassier.

Plus tard et par suite de générations diverses le corps de ces êtres aériens se perfectionna dans leur constitution par le désir des besoins de leur conservation. Il en arriva qu'à un moment donné, le sentiment de l'union commença à se faire sentir chez certains êtres privilégiés. Et, à l'exemple de ces premiers, peu à peu cette passion dominant tous les êtres de la création ; inconscients de leur sentiment dont ils étaient

innés, il s'unirent au Hasard et produisirent
une infinité d'êtres de toutes variétés et de
toutes les espèces avec des sentiments, des
pensées et des passions plus ou moins bonnes, plus ou moins mauvaises. De ce moment les matières produisirent les végétaux
et les unions formèrent les animalcules
aériens, qui prenaient vie à leur naissance
par la chaleur solaire.

A un moment donné, l'Univers fut rempli
de monstruosités dont les formes varient à
l'Infini, sphériques, ovales, cubiques,
etc., etc., qui se dévoraient les uns et les
autres inconsciemment et sans savoir pourquoi.

Leur constitution se fortifiait sans cesse,
et parmi les créations qui se formèrent, il y
eut des êtres dont les dimensions surpas-
sèrent de beaucoup tous les êtres qui étaient
nés jusqu'à ce jour. Des siècles et des siècles
s'étaient écoulés depuis le commencement
de la création.

C'était comme une nécessité dans le sein
de la Nature, que des êtres supérieurs viennent mettre de l'ordre dans cette anarchie
céleste, habitée par des monstruosités qui
s'acharnaient à se dévorer les uns les autres.

Le Soleil n'était plus maître dans son
royaume. Les esprits qui avaient servi de
nourriture à tous ces êtres avaient telle-

ment troublé leur cerveau par des sentiments, des pensées et des passions diverses,
que l'Esprit pur, qu'ils avaient reçu avec la
chaleur solaire, se trouvait impuissant à les
dominer.

C'est alors que le soleil comprit qu'il était
trop seul et qu'il avait besoin d'être se-
condé. Et c'est à ce moment que l'on put
voir s'accomplir le désir de l'astre de lumière par la naissance d'êtres géants qui se
développèrent au milieu de ces monstres
aériens.

A mesure qu'ils se développaient, ils ab-
sorbaient d'abord les êtres les plus infimes.
Plus tard, ce fut les moyens et ensuite ils
s'attaquèrent aux plus grosses monstruosités.

Le Soleil, qui avait le plus grand intérêt
à voir le dégagement de son Univers, donna
à chacun de ces nouveaux géants, que nous
appellerons des planètes en formation, un
mouvement de rotation au moyen de son
atmosphère attractive et de son rayonnement, qui était une force opposée; il donna
à chacun une ligne à suivre qui devint leur
orbite, de manière à englober tout son
Univers.

Voilà donc comment depuis des milliards
de siècles, dont le Temps marqua seul la
date du commencement, nous laissant à

nous le loisir de la trouver; les planètes tournent autour du Soleil, se nourrissant des monstruosités, qui naissent sans cesse dans notre Univers, pour le bon plaisir de servir de pâture à notre Terre, ainsi qu'aux planètes que nous connaissons et celles que nous ne connaissons pas encore.

Avant d'aller plus loin dans notre définition; il y a une question qui doit nous intéresser : c'est de savoir comment ont pu se former les deux sexes, qui sont le mâle et la femelle?

Nous savons que le premier atome qui a formé l'Esprit pur dans l'Eternité et plus tard devenu Soleil, est né du Hasard avec la Fatalité.

Le Soleil est donc le fils du Hasard. Il est le fils du Hasard, parce que c'est le Hasard qui a voulu que ce soit cet atome qui devienne Soleil plutôt qu'un autre.

Eh bien! ce fils du Hasard qui est le Soleil; lorsqu'au moyen de sa chaleur il communique la vie aux atomes répandus dans son Univers, il leur communique en même temps une quantité d'Esprit pur. Cet esprit pur est répandu au Hasard. Celui des atomes qui en reçoit une quantité supérieure, malgré son esprit impur, devient le mâle, celui qui en reçoit le moins c'est l'esprit impur qui domine et forme la femelle. C'est donc le Hasard qui crée le mâle et la Fatalité qui crée la femelle, dans les êtres aériens.

Si dans le choix que le Soleil avait fait pour détruire tous les monstres de l'Univers, il avait préféré les géants femelles, c'est qu'il voulait par ce choix avoir autour de lui le dévouement et l'attachement.

Il en fit ses filles, jusqu'au jour où il en ferait ses épouses.

CHAPITRE XI

Les Planètes.

Nous allons donner une définition sur la création des planètes. Vous remarquerez que dans mon premier livre, *Dieu n'existe pas*, j'ai fait une définition très succincte qui ne permettait pas de m'étendre largement sur les détails de la création, que je n'ai fait qu'effleurer. Mon seul but était de prouver que Dieu n'y était pour rien, attendu qu'il n'a jamais existé.

J'espère que la définition que je vais avoir l'avantage de vous faire dans cet ouvrage vous permettra de toucher du doigt la vérité sur toutes les créations qui se sont produites depuis le commencement des commencements jusqu'à ce jour.

Comme toutes les planètes sont de la même constitution, elles vont passer toutes par les mêmes phases de la création et suivront les mêmes transformations.

Les planètes sont de même naissance que tous les monstres de l'Univers. Elles sont filles d'une espèce de monstres aériens dont les développements avaient pris des proportions très grandes. Mais aucune des planètes ne peut se dire sœur l'une de l'autre. Elles sont nées de père et de mère différents ; voilà pourquoi elles ne se ressemblent pas ou presque pas. Et si le soleil les a choisies parmi toutes, c'est le Hasard qui l'a voulu. Et c'est le Soleil qui, à leur naissance, les a prises sous sa protection.

Il les enveloppa de sa chaleur, qui pénétra jusqu'au centre de leur être en leur insinuant une partie d'Esprit pur contenu dans le sein de la chaleur ; ce qui les rendaient supérieures aux autres monstres de l'Univers.

La chaleur et l'Esprit pur formèrent le cœur de ces êtres géants, que nous appellerons des planètes. Le cœur, une fois formé, ne demandait qu'à vivre pour entretenir cette vie nouvelle qu'elles venaient de recevoir.

CHAPITRE XII

La Terre.

Prenons donc comme exemple notre planète, qui nous intéresse plus que toutes les autres ; mais sachons que ce qui va se produire sur la nôtre se produira de même pour les autres planètes.

Disons donc que notre Terre, lorsqu'elle se sentit pénétrée d'une vie nouvelle, ne demanda qu'à l'entretenir. C'est de ce moment qu'elle aspira autour d'elle tous les animalcules qui l'entouraient. C'est cette aspiration qui forma son atmosphère attractive, qui lui permit d'aller chercher de plus en plus loin, à mesure que la Terre se développait, la nourriture qui lui était nécessaire.

Peu à peu le cœur de la Terre se développa, l'atmosphère prit de l'extension, les déjections produites par la nourriture furent rejetées en dehors du cœur et se ré-

pandirent à la surface de la Terre qui commençait à former sa croûte.

Mais la nourriture devenait rare autour
de l'atmoshère terrestre. C'st à ce moment
pue le Soleil qui avait choisi cette planète
et ne l'avait pas perdue de vue, se servit de
son atmosphère attractive et de son rayonnement répulsif, pour donner à la Terre un
mouvement de rotation qui lui permit d'une
part à réchauffer toutes les parties de son
corps, au moyen du rayonnement solaire,
et de suivre une route directe autour du
Soleil; en recueillant dans ce parcours tous
les animalcules et toutes les monstruosités
aériennes qui se trouvaient sur son passage
et qui devaient lui servir de nourriture.

Cette route suivie par la Terre tout comme
celle des autres planètes, fut appelée par
l'astronomie : orbite des planètes.

Dans ce parcours assigné à chaque planète, elles englobent au moyen de leur
atmosphère toutes les parties de l'Univers.
Et ce qui échappe à l'une, se trouve saisi
par une autre. Voilà comment l'Univers se
trouve purgé des monstruosités qui, au
commencement de la création remplissaient
tous les Univers, et que les planètes ont
purgés et qu'elles purgent sans cesse par
leur promenade autour de leur mattre et
seigneur tout puissant, le Soleil.

Mais comme rien n'est perdu dans notre Univers, notre Terre comme les autres planètes, au moyen de leur attraction atmosphérique, attirent à elles, pour en faire un seul groupement, tout ce qui remplissait l'Univers et qui vivait sans ordre, sans méthode et sans discipline. La Terre, dis-je, tout en se nourrissant de la vie de tous ces êtres aériens, ne pouvait s'accaparer du principe inné qui était dans le corps de l'être à qui il ôtait la vie.

Ce principe inné était le germe bon ou mauvais de l'esprit que le corps possédait depuis qu'il s'était formé et qui vivait libre et indépendant dans les espaces de l'Infini avant la création.

Ce principe inné des êtres aériens, c'est le germe qui forma leur corps et qui dirige ses instincts. Lorsque la Terre ôte la vie au corps célestes, le principe inné de ce corps, par la volonté de son instinct, en retenant le corps il retient en même temps ce qu'il peut de sa vie. Il concentre le corps avec tout ce qu'il peut de la vie, et arrive à la surface de la Terre en grains de sable, gravier, silex ou roche, selon l'importance des monstres aériens.

Mais chaque animalcule ou monstre aérien qui arrive à la surface de la Terre, possède avec lui un principe ou esprit différent; la Terre recueille autour d'elle à sa surface toutes les richesses répandues dans notre Univers. Ces richesses déjà recueillies par le soleil dans l'Infini et remises en liberté par déjection après en avoir soutiré l'Esprit qu'ils possédaient, deviennent la proie de la Terre et de toutes les planètes.

Ces richesses que la Terre recueille de l'Univers, sont les principes ou esprits de tous les sentiments, pensées et passions bonnes ou mauvaises. De tous les sels, acides, minerais, plomb, fer, cuivre, argent, or, etc., ainsi que de toutes les couleurs.

Enfin tout ce qui apparaît à nos yeux, à nos instincts, à notre intelligence, c'est le recueil de tout ce que la Terre a pu aspirer de notre Univers, et qui a permis de créer à sa surface les plantes, les animaux et les hommes, avec des sentiments, des pensées et des passions différentes, avec une intelligence plus ou moins bornée, ou plus ou moins intellectuelle. Le tout dépend du germe dont l'être est possesseur et qui devient maître de son corps et le dirige à sa volonté.

A côté de cela, il y a les unions qui modifient les principes primitifs et qui les rendent meilleurs ou plus mauvais ; et, comme ces unions ont une infinité de descendances et de générations, on voit d'ici la confusion des esprits qui dirigent notre mécanisme corporel.

La Terre est donc un récipient de tout ce qui compose l'Univers, et qui vivait auparavant, dans le Néant de l'Eternité, en essences spirituelles, possédant chacun un principe, une qualité ou un tempérament différents.

Donc, il n'est une roche, une pierre, un grain de sable ou un atome aussi infime qu'il puisse être, qui ne possède un germe spirituel de vitalité.

C'est ce tout ensemble qui compose le globe terrestre.

La Terre, comme une mère de famille, se trouve dans la nécessité de donner à tous ces êtres une substance vitale qui leur permette de conserver cette vie spirituelle.

Une chose dont il faut bien se pénétrer : c'est que le corps de la Terre n'est composé que d'êtres vivants. Et si ce n'est la vie réelle, c'est du moins une vie spirituelle ou factice, mais qui est réellement.

Elle est spirituelle, parce que vivant sur la Terre, elle est indifférente à tous nos soucis et à tous nos tracas; à toutes nos splendeurs et à toutes nos misères. Elle n'est composée que du principe inné qu'elle possédait dans l'Infini où elle se croit toujours; mais cette vie deviendra réelle; le jour que l'astre du Hasard qui est le Soleil, lançant ses rayons caloriques sur la Terre, viendra envelopper de sa chaleur les atomes terrestres, choisira au Hasard tel ou tel et leur donnera la vie réelle. Et dès ce jour ces atomes sables ou graviers deviendront des êtres terriens.

Nous avons dit que tout être qui prenait une nourriture quelconque se trouvait dans la nécessité de se dégager des matières impures qui sont ses déjections. Mais, ce que nous n'avons pas dit, c'est que ces déjections sont de deux genres différents : Il y a les déjections pâteuses et les déjections liquides. Le Soleil, comme la Terre et comme tous les animaux et les hommes, sont soumis à cette loi de la Nature.

Le Soleil rejette hors de Lui les matières pâteuses qui forment les terres de l'Univers; Et il rejette de même ses matières liquides, les répand de toutes parts; Elles sont employées à arroser ces terres Universelles.

Quant au Soleil, je ne peux laisser passer sous silence les observations faites par certains astronomes, qui ont observé à des époques périodiques qu'il se produisait des taches à la surface du Soleil, et que l'on avait remarqué qu'à ce moment la température se refroidissait.

Les taches qui apparaissent à la surface
du Soleil sont des cratères volcaniques par
où s'échappent les matières impures ou déjection provenant de sa nourriture. Ces impuretés répandues dans toutes les parties
de son Univers, par la quantité de molécules, forment une couche épaisse qui in-
tercepte le rayonnement. Voilà la raison
pourquoi la température se refroidit.

Mais il y a une différence entre les déjections solaires et les déjections terrestres. La
Terre conserve à sa surface ses déjections
liquides qui se mêlent aux matières, ce qui
fait une espèce de bouillie qui enveloppe la
Terre et conserve la croûte à l'état pâteux.
Cette croûte vaseuse suit le mouvement de
rotation de l'astre et reste dans cet état
jusqu'à son développement complet.

Lorsque la Terre arrive à l'âge mûr,
époque où elle ne devait se développer
davantage, telle que nous la voyons aujour-
d'hui, il se produisit à sa surface une transformation. La matière qui formait cette
bouillie pâteuse se précipita et le liquide
resta suspendu à sa surface.

Après un temps indéfini, les molécules de
la matière par leur précipité, se tassèrent
de telle force qu'elles durcirent et formèrent
le commencement de la croûte terrestre.
Tandis que les liquides qui enveloppaient

sur toute sa surface cette croûte étaient devenus limpides.

Cette couche liquide qui, plus tard, formera des mers, doit avoir une raison pour que ces eaux soient restées salées.

Pour bien en définir la cause, nous sommes dans la nécessité de remonter à sa source et prouver que les esprits ténébreux remplissent un grand rôle dans l'existence des êtres.

Rappelons que les matières provenant des déjections solaires étaient produites par le rejet des esprits ténébreux et impurs, possédant chacun l'essence d'un mauvais penchant. Ces matières formèrent par l'union de la chaleur solaire, les animalcules célestes. L'esprit de ces animalcules en possédant la vie, développèrent leur mauvaise essence accompagnée par chaque mauvais esprit de sa couleur locale, ou sentiments impurs.

La Terre, qui en fit sa nourriture, produisit des déjections plus impures que les précédentes et composées d'essences plus mauvaises et plus acidulées.

Les déjections liquides de la Terre, mêlées avec les matières, produisirent un mélange vaseux d'une odeur et d'une acidité telle que la vie aurait été intolérable. Mais, peu à peu le précipité des matières au fond de l'eau, entraîna une grande partie des acides dont elles étaient composées, et se durcirent avec la croute terrestre.

Les autres parties essentielles qui se trouvaient suspendues dans l'eau s'évaporèrent, et formèrent des Gaz qui se répandirent dans toutes les parties de l'athmosphère terrestre. Ce fut d'abord le gaz acide carbonique qui dégagea plus loin l'hydrogène, puis l'oxygène, l'azote, etc., etc.

Dans ces précipités et ces évaporations, l'eau se dégagea de tous ses mauvais acides et des essences putrides dont elle était composée, mais n'en conserva pas moins sa propriété locale innée, inodore et incolore qui était le goût salé. Cette propriété devait la préserver contre toute atteinte de corruption. C'était l'esprit inné de l'eau de mer.

«Vous n'ignorez pas que depuis la formation de la Terre jusqu'au moment où nous la trouvons enveloppée par une couche d'eau limpide, il s'est passé des milliers et des millions d'années, et que pendant cet espace d'années qui se sont écoulées, la Terre a eu pour témoin dans toutes les transformations qui se sont produites, le Temps ! le seul créateur de toutes choses. Et si le Temps ne présidait pas à toutes les transformations de la Nature, la Terre sur laquelle nous vivons serait rentrée dans le Néant.

CHAPITRE XIII

L'Epouse du Soleil.

La Terre était devenue grande fille. Elle était arrivée à un âge où la présence du soleil la troublait et la rendait pudique. Elle comprenait que le moment était venu de couvrir d'un voile sa nudité terrestre. Et les eaux qui l'enveloppaient de toute part remplirent loyalement cette mission délicate en lui servant de voile virginal.

C'est ainsi qu'elle pouvait rouler dans le sein de l'Univers et se montrer chaque jour sur toutes ses faces en présence du Soleil sans honte et sans remords. C'est qu'à l'âge où la terre était arrivée, le Soleil n'était plus pour elle un père; il y avait des sensations plus palpitantes qui se produisaient dans le fond de son cœur.

En effet le soleil, qui avait grandi au milieu de son Univers, éprouvait les mêmes sensations en présence de cette première

5

virginité qui s'offrait à ses yeux. La terre
devinant le trouble qu'elle produisait sur le
Soleil n'eut d'autre souci que de se rendre
agréable.

Elle employa à cet effet tous les artifices
qui sont le couronnement de son sexe, ce
dont nous n'avons le droit de la blamer; la
nature l'avait ainsi constituée. Nous savons
qu'elle était composée de tous les esprits
ténébreux. Elle en usa dans ce moment
psychologique.

Elle employa tout son savoir à rendre les
eaux tellement transparentes que l'on put
voir à travers leur limpidité la nudité de la
Terre.

Le Soleil, en présence de cette transpa-
rente nudité, plongea ses rayons jusqu'au
fond des eaux et enveloppa de sa chaleur
tous les atomes qui formaient comme un
duvet sur l'enveloppe pelliculaire de la
Terre.

De ce moment l'union était faite entre le
Soleil et la Terre. Le Soleil qui était l'œuvre
du Hasard s'unissait à la Terre qui était
l'ouvrage de la Fatalité. C'était l'esprit du
bien, qui s'unissait aux esprits du mal. Et
tous les êtres de la Terre qui naîtront de
cette union, tout en recevant en naissant la
vie du père, sont fatalement condamnés à
la mort par la mère, le jour que le Soleil

leur retirera la vie qu'il avait unie à la matière, dont tous les corps sont composés.

Il s'agit de savoir quel fut le résultat de cette union.

Cet embrassement du Soleil sur toute la surface de la Terre, produisit l'effet d'un aimant dont le positif s'unit au négatif. Cette union devint inséparable. Et par l'effet de ce contact, il se produisit le commencement de la création du Monde. Autrement dit : La création des êtres, de toutes espèces, qui devaient remplir la surface du Globe.

CHAPITRE XIV

Création aquatique.

Tous les atomes microbites que le Hasard avait laissés détachés de la croute terrestre, et qui voltigeaient à sa surface, furent enveloppés par la chaleur solaire qui s'unit à eux. De cette union, il se produisit dans le fond des eaux à la surface de la Terre, des myriades d'œufs qui auraient été invisibles à l'œil, mais qui n'en étaient pas moins possesseurs d'un germe de vie qui, un jour ou l'autre, par leur éclosion donnerait naissance à des êtres quelconques.

C'est-ce qui arriva après un temps déterminé. Il naquit des infinités d'êtres dont la petitesse était telle, qu'ils seraient restés invisibles à nos yeux, si nous avions été là pour les voir éclore ; mais, la quantité comme la variété en étaient infinies.

C'était la première création terrestre beaucoup plus petite que les infusoires. Ces petits animalcules que nous voyons dans une goutte d'eau avec un microscope.

C'était une supposition de vie que malgré la varité des êtres, il aurait été impossible d'en distinguer aucun. Ces êtres minuscules avaient à peine reçu la vie que la vie les abandonnait.

'' Mais le Soleil avait commencé son œuvre et il la continuait. Il créait toujours et sans cesse, et malgré lui ses créations disparaissaient comme elles étaient nées.

C'est que jusqu'alors la Terre, trop jeune, n'avait pas encore éprouvé les sensations de la maternité.

Elle se développa en force physique, ce qui la mit dans la nécessité d'absorber des aliments plus substantiels ; ce fut des végétaux et des animalcules aériens que son athmosphère attractive lui apportait.

Ces êtres aériens appartenant à notre Univers, aussitôt pris dans l'atmosphère terrestre, perdaient la vie qui servait de nourriture à la vie de la Terre et la matière était attirée à sa surface, elle servait à développer sa membrure en faisant corps avec elle.

Au moment où ces êtres aériens sentaient que la vie s'échappait d'eux, ils s'y cramponnaient et en retenaient le plus qu'ils pouvaient et arrivaient par l'attraction athmosphérique à la surface de la Terre dans un état de compression réduit à un grain de sable, tels que nous les voyons au fond de la mer. Mais une partie substantielle de l'être aérien, arrivant à sa surface, était absorbée dans la nourriture de la Terre.

Parmi ces grains de sable qui étaient le réduit de ces êtres aériens; les uns avaient durci, tandis que d'autres avaient gardé une élasticité poreuse, qui les favorisa mieux que les premiers, puisqu'il leur permit de recevoir la chaleur solaire qui les enveloppa et leur donna une nouvelle vie qu'ils venaient de perdre et en fit des animalcules terriens, tandis que les autres grains durcis conservèrent en eux la vie inerte.

Le Hasard favorisait les premiers, tandis que la Fatalité poursuivait les autres.

Les grains favorisés formèrent de nouveaux œufs plus gros que ceux des premières créations, et à leur éclosion l'on pouvait les voir dans un microscope. Les êtres qui naquirent de ces œufs furent appelés par la science des hommes, des infusoires. Dans cette création nouvelle, il y eut des variétés indéfinissable de tous les genres et de toutes les espèces.

De ces variétés devait naître avec le Temps, par suite du perfectionnement de la Nature, tous les êtres petits et grands, beaux et monstrueux, ainsi que tous les végétaux qu'actuellement l'on rencontre dans les profondeurs de la mer.

Si vous voulez avoir un aperçu des perfectionnements de la Nature, réveillez un homme qui, depuis quatre-vingt ans seulement, repose de son sommeil éternel, à l'époque où quelques voyageurs se risquaient dans une pauvre diligence pour faire un voyage. Montrez-lui le chemin de fer, les progrès de l'électricité, le cinémathographe, le phonographe, la byciclette et les automobiles. Cette homme se croira tombé du Ciel, dans le pays des merveilles.

C'est ainsi que l'esprit de la Nature se perfectionne dans le cerveau de l'homme, et dans celui de tous les êtres vivants.

Les infusoires qui, à notre point de vue,

sont les premières créations de la Nature, puisque ce sont les premiers êtres que nous pouvons définir dans un microscope, n'ont ni yeux, ni bouches; mais tout infiniment petits qu'ils étaient, ils possédaient dans leur constitution les deux principes qui sont la base de tous les êtres vivants : la vie et la matière. Ils n'avaient pas l'intelligence développée de l'homme, mais ils avaient le sentiment de la conservation et ils mouraient de faim faute de ne pouvoir manger.

Parmi ces petits êtres, il s'en trouva que la faim leur inspira le désir de manger. C'était une inspiration de la Nature qui se formait dans le corps des infusoires et dans les générations qui suivirent, l'on vit naître des infusoires avec une bouche. Plus tard la bouche ne suffisant pas, il fallait voir la nourriture qu'ils convoitaient et qui leur passait devant le nez. Et après quelques générations, il naquit des infusoires possédant des yeux et une bouche.

Ces petits animalcules pouvant manger et chercher leur nourriture se développèrent. Peu à peu ces êtres minuscules ayant pris des proportions assez sensibles, sentirent le besoin de l'Union. Ce fut une nouvelle époque qui commençait pour la création des êtres. Aidés de la chaleur solaire qui présidait à toutes ces créations en formant le trait d'union qui rapprochait les deux sexes différents.

CHAPITRE XV

La Terre ferme.

Les rapports entre le Soleil et la Terre étaient devenus plus intimes, la Terre ne se croyant plus dans la nécessité de garder sa pudeur en présence du Soleil, elle voulait se montrer à son époux ce qu'elle était en réalité : la Terre.

C'est alors que ses artères sanguines se gonflèrent; elles soulevèrent la croute terrestre, ce qui produisit d'abord des îlots. Ces îlots s'accumulèrent et formèrent des archipels. Plutard ces archipels accumulés formèrent des grandes îles, qui finirent avec le Temps par se joindre et formèrent de grands continents.

A ce moment la Terre avait pris un grand développement. Sa nourriture devenait plus puissante et son atmosphère lui faisait absorber toutes sortes de monstruosités célestes. Ses déjections devenaient plus fortes.

Il fallait trouver un moyen de s'en débarrasser. C'est à ce moment que l'on commença à voir sur toutes les parties du continent, la Terre se boursouffler par longueurs qui soulevèrent des séries de monticules qu'on appelle chaines de montagnes, et de distances à distances irrégulières se produisirent des éruptions volcaniques qui peu à peu se répandirent sur toute la surface du globe. Par des cratères qui s'ouvraient il s'en échappait de la fumée, des poussières brûlantes, des pierres, du feu et de la lave. C'étaient des déjections impures qui représentaient les matières fécales de la Terre, ainsi que des impuretés sanguines, qui étaient des maladies terrestres.

Mais tout différemment du soleil, qui rejette ses impuretés hors de lui et les répand dans son Univers, la Terre au contraire les recueille à sa surface, ce qui lui sert à fortifier sa croute.

Dans toutes ces évolutions terrestres, le corps de la Terre s'était un peu déformé, et les boursoufflements qui, d'une part, avaient produit le soulèvement des montagnes, avaient causé d'autre part des cavités qui avaient formé le lit des mers.

La Terre-ferme, que nous avons vu petit à petit sortir de l'onde, une fois en plein air, finit par représenter des étendues très grandes, mais arides de toute végétation. Les plantes sous-marines, qui vivaient très bien au fond des eaux, aussitôt hors de l'onde, mouraient comme les poissons.

Le Soleil, qui frappait toute la journée de ses rayons brûlants toutes les surfaces terrestres, desséchait tout ce qui s'y trouvait.

Le germe dirigeant de la Terre, qui est l'essence de la vie qu'elle a reçu du Soleil, s'est uni aux esprits impurs qui forment la matière dont son corps est composé, et dont le tout forme son âme. Cette âme est le ressort qui la fait mouvoir; elle surveille ce qui se passe à sa surface. De ce moment elle dut sérieusement s'en préoccuper.

CHAPITRE XVI

Constitution de la Terre.

Nous avons dit que la Terre en se développant absorbait comme nourriture des monstres célestes, ce qui produisit à sa surface des couches de sables, graviers, silex ou roches. Tout cela épaississait sa croûte et la rendait plus solide et en même temps apportait à la Terre les semences célestes qui devaient un jour remplir les continents terrestres de plantes, d'animaux et *d'hommes*.

Mais avant d'arriver à ce prodige qui devait transformer la surface de la Terre, il nous est utile de connaître sa constitution et son mécanisme.

Nous savons que la Terre en naissant avait formé son âme avec la vie solaire qui est l'Esprit pur, unie avec les esprits impurs qui forment la matière de son corps. Cette âme qui est la vie et le mécanisme de la Terre remplissait le cœur spirituellement. Mais matériellement avait formé dans le cœur un foyer liquide et incandescent qui représentait le sang de la Terre.

Avec ce sang elle devait entretenir tous les atomes microbites, moyens et gros qui formaient son corps. Mais, le sang en fusion aurait consumé tous les êtres qui formaient la Terre. L'esprit de l'âme qui agit par instinct, attira jusqu'au cœur et par infiltration les eaux salées des mers. Celles-ci perdirent dans cette infiltration une partie de leur sel; arrivèrent au cœur de la Terre où la chaleur du sang les réduisit en vapeurs et obligea ces vapeurs en se dilatant à s'infiltrer à travers les terres jusqu'à la surface.

Dans ces infiltrations l'eau de la mer perdait son sel, et arrivait à la surface de la en eau douce.

D'autre part les eaux s'unissaient aussi au sang du cœur et formaient des vapeurs. Ces vapeurs comprimaient le sang qui s'échappait du cœur comme l'eau de sels d'un siphon. Produisaient dans toutes les parties de la Terre, des artères où le sang mêlé avec l'eau et les vapeurs se répandaient de toutes parts donnant la vie à tout ce qu'ils rencontraient. Et toutes ces vapeurs arrivaient en eau douce à la surface de la Terre. Ce qui fait que le Soleil frappant sur la Terre ne brûlait plus sa surface.

Toutes ces vapeurs poussées par la circulation du sang, arrivées à la surface de la Terre avec trop d'abondance, s'infiltrèrent et produisirent des lacs intérieurs; ces lacs trouvèrent une issue pour faire échapper les trop pleins. Ces issues formèrent des sources, ces sources formèrent des ruisseaux, ces ruisseaux formèrent des rivières, ces rivières des fleuves, et les fleuves se jetèrent dans les mers, où ces eaux douces reprirent leur sel et les forces qu'elles avaient perdues dans leurs parcours, pour retourner au cœur. Tout comme le sang de l'homme qui part du cœur pour donner la nourriture aux atomes qui composent son corps et qui, après avoir perdu ses forces, retourne au cœur pour recommencer.

CHAPITRE XVII

Les nuages.

Les eaux étant répandues jusqu'à la surface du sol, détrempèrent les terres et les sables qui étaient des provenances des végétaux et des animalcules célestes. Elles furent chauffées par les rayons solaires qui les firent fermenter. De cette fermentation, il commença à se produire une végétation terrestre qui avait l'apparence d'un tapis vert. C'était la mousse.

Avant d'aller plus loin, il faut s'étendre sur tous ces grains de sables qui sont des semences célestes, et dont chacun possède dans son intérieur la vie spirituelle de ce qu'ils étaient dans le grand réservoir de l'Infini avant la création. Les uns possédaient le germe de la végétation, d'autres représentaient l'esprit des sels, des acides,

des minerais, des couleurs, des métaux, fer, zing, argent, etc., etc.

Tous ces grains atomiques par un même sentiment, se devinaient. Ils s'attiraient les uns les autres par instinct. Le fer attirait le fer, l'or attirait l'or, les sels attiraient les sels et formaient des mêmes groupements, et un seul corps qui devenait compact, prenait vie et se décomposait. De cette décomposition, ils se formait des mines d'or, d'argent, de cuivre, d'étain, etc., etc.

Maintenant que nous connaissons les qualités et les provenances de ces graines célestes, nous allons reprendre la suite de la création terrestre.

Nous avons dit que par l'effet de l'humidité de la Terre, et le rayonnement du Soleil, il était né la mousse, mais ce résultat n'était que partiel. Certains endroits pour une cause inutile de définir, étaient restés stériles; les eaux souterraines n'étant pas arrivées à la surface, la végétation ne poussait pas. Dans d'autres endroits l'eau débordant la surface du sol devenait nuisible à la végétation. C'est dans ces circonstances où l'esprit vital de la Terre devait se mettre d'accord avec son époux le Soleil, qui s'engagea au moyen de ses rayons d'aspirer le trop d'eau d'une part et en faire des nuages. Et la Terre de son côté se chargeait de les répandre en pluies dans les parties où l'eau manquait. Alors la végétation se répandit sur toute la surface du globe.

Voilà donc la constitution de la Terre que nous avons créé avec le Temps.

Mais le Temps n'est pas le bon Dieu. C'est pourquoi il a été un peu plus long à faire la création du Monde. Les bases ne sont point mystiques; Elles sont matérielles, solides, palpables et visibles aux yeux de tous.

Vous! qui lisez ce livre. Vous! qui jusqu'à ce jour avez gardé dans votre cœur une sainte croyance religieuse. Vous! qui avez cru en Dieu : Si votre esprit n'est pas trop borné. Si votre intelligence se développe à la lecture de cet ouvrage, tant mieux. Vous applaudirez mon œuvre et vous n'hésiterez pas à répandre partout cette vérité qui doit éclairer le Monde, en étouffant pour toujours les utopies religieuses, qui jusqu'à ce jour ont plongé l'imagination des hommes dans une croyance pleine de ténèbres.

La définition de notre Terre telle que nous venons de le faire est un échantillon de notre système planétaire. Ce qui doit être exactement pareil dans tous les Univers solaires qui remplissent tous les espaces de l'Infini. Ce dont il nous est permis de supposer. Attendu que, appartenant à notre Univers Solaire, il ne nous sera jamais permis de leur rendre une visite.

CHAPITRE XVIII

Création animale.

Maintenant que le Ciel nous est connu et que nous n'avons plus rien à y apprendre, revenons à notre Terre que nous avons laissée en tapis vert remplie de mousse.

Cette première création terrestre qui n'était qu'un effleurement de la végétation, se répandit sur toute la surface du sol et produisit comme un duvet de verdure.

En même temps que cette première végétation faisait son apparition, une autre création se produisait à la surface du sol; c'était la création animale à l'état de microbe. Elle s'était produite dans les mêmes conditions que les végétaux sur lesquels les nouveaux nés trouvèrent leur nourriture.

Tous ces grains de sable n'étaient que des œufs aériens, dont les uns étaient végétaux et d'autres animalcules, que la chaleur solaire et l'humidité du sol faisaient fermenter, germer et naître.

Tous ces petits êtres microbites et petits végétaux, tout comme les grands arbres et les plus gros animaux qui naîtront plus tard, possèdent dans leur corps le germe qui les a fait naître. Ce germe qui, peu à peu, se développe et envahit tous les corps, est composé de l'esprit inné qu'il possédait dans l'Infini avant la création et de l'Esprit pur, qui est une étincelle du rayonnement calorique du Soleil qui donne à ces grains de sable le mouvement et la vie aussitôt que cette étincelle se met en contact avec eux.

Donc tous les êtres en mouvement possèdent la vie. Ils sont composés de la vie et de la matière. De la vie qui vient du Soleil, et de la matière qui est produite par l'esprit inné de l'Infini.

Voilà ce qui forme le ferment, autrement dit, le germe qui en se développant représente l'engrenage du corps.

Ce germe est pour le corps de tous les êtres quels qu'ils soient le moteur perpétuel. C'est ce germe qui commande au corps, qui lui fait ouvrir ou fermer les yeux, qui le fait marcher, s'arrêter, tourner à droite ou à gauche, qui l'inspire de bonnes ou mauvaises pensées. Enfin, c'est ce germe

6

qui du fond du cœur jusqu'au bout des
doigts et la plante des pieds, commande à
tous les fibres de notre corps, à tous les
sentiments de notre pensée. Nous obéissons
aussi inconsciemment que les marionnettes
attachées au bout d'une ficelle. Il conser-
vera cette puissance sur nous, jusqu'au
moment où le corps usé, fatigué et épuisé,
n'aura plus le courage de retenir la chaleur
solaire, qui donne à tous les êtres la vie
réelle.

C'est donc, par conséquent le Soleil qui
nous donne la vie, et c'est l'esprit composé
qui la dirige.

Basé sur la définition que je viens de
faire, il résulte qu'à leur naissance tout
inconscients qu'ils puissent être, tous les
êtres grands, petits ou minuscules, possèdent dans leur corps l'esprit de la conservation; ce qui les oblige à chercher une
nourriture quelconque pour entretenir leur
vie. Et lorsque par leur mauvaise constitution, ils ne peuvent attraper cette nourriture qui leur est nécessaire, ils la désirent
par un moyen quelconque qui leur est
inspiré. Ce désir qui est une inspiration de
la Nature, s'accomplit dans les générations
qui se succèdent. Et c'est ainsi que petit à
petit la Nature se perfectionne.

Donc, nous avons vu la terre-ferme se

couvrir d'une mousse, et les animalcules microbites qui venaient de naître allaient par instinct se nourrir de cette mousse.

Mais la Nature, à son début, donnait inconsciemment la vie, sans savoir ce que c'était que la vie; et ces animalcules qui venaient de naître n'avaient ni bouche, ni yeux, ce qui fait qu'ils naissaient et mouraient de même. Mais, parmi ces microbes, il s'en trouvait dont l'esprit de conservation plus pénétrant que d'autres, et inspirés par l'esprit dont ils étaient possesseurs, se disaient : Si j'avais une bouche, je pourrais manger et prolonger ma vie.

L'écho de ce désir était tout simplement une inspiration de la Nature, attendu que tout ce qui fait partie de la Nature de notre Univers ne forme qu'un corps et une unité au milieu de l'Infini. Ce qui fait qu'aucune inspiration, aucune pensée, aucun désir, rien n'est perdu.

Il en est de ces désirs comme l'inspiration d'un inventeur. Ce n'est point parce qu'il a eu l'idée d'une invention nouvelle que cette invention est trouvée. Il faut que le Temps s'en mêle, et il est souvent très long à mettre cette invention en pratique.

La Nature est aussi longue à exécuter un désir, et ce n'est jamais le sujet qui en a été inspiré qui en profite. Il faut souvent

une, deux ou trois générations avant que
le désir exprimé s'accomplisse : voilà pourquoi celui qui est inspiré d'un perfectionnement n'en profite pas. Il travaille pour les
générations futures.

C'est pourquoi quelques générations après
les inspirés, on put voir des êtres microbites possédant une bouche, pouvant manger et se développer.

Mais cela ne suffit plus; d'autres sujets
possesseurs d'une bouche eurent le désir de
voir ce qu'ils mangeaient. Et quelques générations plus tard l'on vit des petits êtres
avec une bouche et des yeux.

Parmi ces petits animalcules qui vivaient
dans les porosités des roches, il se trouvait
des animalcules vivant dans les terrains
humides; que l'on appelait polypes. Ils
voyaient passer au-dessus de leur tête une
nourriture qu'ils ne pouvaient attraper. Si
j'étais plus haut, se disaient-ils, comme j'attraperais cette nourriture. Et quelques générations plus tard on vit apparaître des
polypes perchés sur des petites rocailles,
comme les coraux de la mer. Mais ces nouveaux polypes, toujours fixés dans leurs
rocailles, devaient attendre que leur nourriture se reposât dessus. Ah! si j'avais un
long cou comme je l'attraperais au passage,
et l'on vit les polypes au long cou. Mais ce

n'était pas suffisant; ils eurent le désir de courir après la nourriture. Et voila le colimaçon qui apparaît emportant sa maison. La maison était trop lourde à traîner. Voilà l'apparition du ver, de la limace. C'est la course au clocher pour arriver plus vite l'un que l'autre, toujours pour la convoitise de la nourriture, qui est l'esprit de la conservation de la vie.

Vous vous demanderez comment il se fait que ces animalcules aient l'inspiration du désir, comme je la leur attribue.

Parce que, comme j'ai eu l'avantage de vous le dire, tous les êtres infiniment gros ou infiniment petits possèdent, dans leur corps, le germe de l'esprit inné qu'ils possédaient dans les espaces de l'Infini.

Cet esprit resta inerte jusqu'au moment où, la chaleur solaire s'unissant à lui, donna à ce nouvel être, avec le mouvement, toutes les sensations de la vie réelle.

Le désir d'arriver le premier qui fut celui du dernier arrivé, fut suivi de la création de la chenille avec des tentacules ou forme de petites pattes tenant au corps. Puis insensiblement, par suite de désirs formulés par ces animalcules qui, en même temps que leurs transformations, se développaient en grosseur et en intelligence, la perfection se produisit. C'est ainsi que,

petit à petit, l'on vit apparaître des petites
bêtes avec des petites pattes; puis, plus
tard, l'on vit des bêtes plus grosses avec
des pattes plus longues. Il y eut des unions
qui formèrent des variétés et des espèces
différentes. Les animaux de grosseur et de
grandeur différentes firent leur apparition;
il y eut des monstruosités qui disparurent,
à l'apparition de l'homme, « qui dût leur
faire » une chasse de destruction pour se
débarrasser d'eux.

D'autre part, les végétaux qui sont aussi des
êtres vivants, mais d'une nature différente à
celle des animalcules, parce qu'ils n'ont pas
la sensibilité des animaux, puisqu'on peut
leur couper la tête, et ils n'en meurent pas.
Mais ils n'en possèdent pas moins le germe
spirituel propre à leur sentiment. C'est ce
germe qui a perfectionné les plantes par le
désir de ne pas rester mousse, et pouvoir
avoir une végétation plus élevée. C'est ainsi
que, de mousse, elle est devenue herbe;
ensuite plante à tige, puis arbrisseau, ar-
buste, petit arbre, et enfin grands arbres
forestiers.

CHAPITRE XIX

La Gente ailée

En présence de la création végétale et de la création animale ; il faut reconnaître qu'il y a entre-elles une certaine communion d'idées, et de sympathies qui les unit et les entraîne à marcher de front. C'est pourquoi la mousse qui était suffisante pour nourrir et servir de couche aux insectes mycrobites ; devint herbe pour nourrir et coucher les petites bêtes qui commençaient à grossir. Plus tard l'arbustre et les buissons, protégèrent les petits animaux ; et les forêts protégèrent et abritèrent les fauves.

Ne devinez-vous pas que notre Univers, qui est isolé des autres par des distances excessivement éloignées ; est rempli de cette vie solaire qui ne forme qu'un corps, et que par conséquent nous sommes sans cesse en contact avec des êtres vivants que nous voyons ou que nous ne voyons pas. Qu'aucune espace de cette vie solaire est

vide de sa chaleur, et que cette chaleur
donne la vie à tout ce qu'il perse de ses
rayons ou qu'il pénètre de sa chaleur. Et
qu'au milieu de cet Univers ou la vie est
partout, nous ne formons qu'un corps et
qu'une vie Universelle, et lorsque nous
parlons ou nous pensons, c'est comme un
écho qui se répand de corps à corps dans
les espaces de notre Univers ; et finit par
arriver jusqu'au cœur du Soleil, le Dieu et
le maître de son royaume.

Voila les petits détails que nous avons
omis dans notre livre ; Dieu n'existe pas !
Mais que je suis heureux de vous définir
dans ce nouvel ouvrage, pour que vous
sachiez de quelle pâte nous sommes tous
pétris, ce que nous sommes et ce que nous
pouvons être.

Nous sommes tous fils du Soleil. Et n'im-
porte de quelle composition nous sortions,
bons ou mauvais, riches ou pauvres, nous
sommes tous frères.

Revenons à la création et jetons un coup
d'œil sur la gente ailée. Pour cela, nous
devons revenir à la création des végétaux
au moment où la mousse, prenant ses ébats,
se transformait en herbe.

C'était une génération nouvelle, et l'herbe
avait le ver sous sa protection. Elle lui
donnait sa nourriture et sa litière. Mais, en

échange, le ver lui devait bien quelque obligation.

Dans l'herbe comme dans les animaux, il se rencontre le sexe mâle et le sexe femelle. Malheureusement attachés l'un et l'autre au sol, ils se voient de loin; mais ne peuvent s'unir. Il fallait pour cela un messager d'amour. Et pour ce premier choix dans l'union des êtres, la Fatalité, qui ne perd pas ses droits, voulut que ce fut le ver, l'être le plus immonde de la Terre. Il n'y avait pas à choisir; le ver fut donc chargé d'apporter à la femelle les sensations amoureuses de l'herbe mâle. Mais le chemin était trop long et la marche trop lente. Les sensations du mâle se refroidissaient en route, et le résultat était nul, au désespoir du ver qui ne pouvait pas aller plus vite.

Parmi cette gente rampante, il s'en trouva qui eurent l'inspiration d'avoir des ailes pour arriver plus vite. Cette inspiration, dont la Nature se nourrissait, ne fut point perdue. Quelques générations après, l'on vit l'herbe plier sa feuille et couvrir le ver qui sortait de là tout ailé. L'insecte était créé.

A la vue de l'insecte, tous les vers voulaient voler et chacun, dans son désir, apportait une idée nouvelle, qui était un perfectionnement de la Nature. Et l'on vit, plus tard, les messagers d'amour, des plantes et des fleurs, qui étaient les papillons, prendre les toilettes les plus coquettes, et les plus séduisantes, pour aller trouver l'amante au nom de son bien-aimé.

Parmi les petits animaux que cachait l'herbe, il se trouvait un petit rongeur qui courrait la plaine. Ce rongeur était d'une race carnassière, et tout plein de convoitise, qui, voyant les papillons voltiger d'une herbe à l'autre, aurait voulu les croquer. Et, ne pouvant le faire, son désir fut d'avoir des ailes pour courir après eux.

Quelques générations plus tard, apparut la chauve-souris, qui, plus tard encore, fit naître le vampire. C'était des monstruosités ailées qui faisaient leur apparition dans les ténèbres pour commettre leurs forfaits.

Mais ces nouvelles créations réveillèrent la Nature, qui fouilla parmi les germes célestes qui remplissaient la surface du sol, où il s'en trouvait qui avaient déjà déployé leurs ailes célestes dans les espaces de l'Univers et qui étaient heureux de reprendre leur vol à la surface de la Terre.

Donc, primitivement, rien n'a été créé sur notre Terre, qui n'était elle-même que la fille d'un esprit céleste choisie au Hasard dans notre Univers. Et, en observant bien, l'on reconnaît que la Terre a été formée avec les éléments pris dans notre Univers ; mais qui, avant, vivaient à l'état d'essence spirituelle dans les espaces de l'Infini. De ces germes volatils naquit la race volante qui, en se développant, se perfectionna et forma toutes les espèces d'oiseaux que l'on puisse connaître.

CHAPITRE XX

Bimanes et Bipèdes.

La Terre était arrivée à un complet développement. Partout le sol se couvrait de forêts immenses peuplées d'arbres gigantesques donnant asile à une population de carnassiers et d'animaux féroces, Tandis que les plaines immenses voyaient paître une population de bêtes herbivores, qui vivaient côte à côte les unes des autres dans la plus heureuse des béatitudes.

La Nature semblait prendre un développement nouveau. Une végétation nouvelle faisait son apparition ; c'était l'arbre

portant ses fruits, et pour satisfaire à cette nouvelle apparition, un animal d'une race inconnue venait de naître.

C'était l'écureuil! Petit animal beaucoup plus intelligent que tous les êtres qui étaient nés jusqu'à présent, et qui couvraient la surface de la Terre; il possédait au bout de chaque patte de devant une petite main dont il se servait avec une dextérité sublime.

L'écureuil descendait d'une race de petit animal terrier très peureux, dont la peur des fauves l'entraînait sans cesse à se cacher sous des rochers ou dans des trous creusés dans la terre. Parmi cette race, il s'en trouva quelques-uns que la peur faisait rêver. Et qui, en regardant les grands arbres, se disaient : Si nous pouvions grimper dessus, nos ennemis ne viendraient pas nous y chercher.

Ce désir, lancé au hasard, fut reçu dans le sein de la Nature. Les générations qui suivirent, l'on vit apparaître un nouvel animal qui, à peine né, grimpait sur les arbres et instinctivement trouvait sa nourriture dans les fruits qu'il allait cueillir. C'était l'écureuil! Ce petit animal d'une nouvelle race était beaucoup plus intelligent que tous les êtres qui jusqu'alors étaient nés sur la surface de la terre.

Ce qui marquait une étape nouvelle dans le perfectionnement de la Nature.

L'instinct de l'écureuil, qui est parmi nous un animal très connu et presque familier, est d'une intelligence qui est peu ordinaire. Voyez-le sur l'arbre lorsqu'il se croit en face d'un ennemi. Il le regarde en lui faisant une grimace, et semble lui dire : tu ne m'attrapperas pas !

Il se sert de ses deux petites mains avec une adresse et une dextérité qui présagent pour l'avenir des petits prodiges. Si vous avez quelques fois vu leurs petites maisons construites sur les arbres, vous pouvez les regarder comme les précurseurs de l'architecture. C'est cette race que l'histoire naturelle nomme des bimanes et qui s'est développée sous des variétés et des formes différentes.

Mais la Nature ne pouvait s'arrêter à mi-chemin. Le Temps était toujours là pour marquer la date des progrès qui s'accomplissaient. Les deux mains de l'écureuil ne suffisaient plus pour aller cueillir les fruits aux extrémités des branches. Il fallait s'accrocher par les pieds de derrière pendant que les mains attraperaient les fruits. Et de ce désir naquit une nouvelle race qui fut la race des singes, que l'on dénomma « quadrumanes », parce que, outre les deux

mains qu'ils avaient aux pattes de devant;
ils avaient aussi deux mains aux pattes de
derrière qui remplaçaient les pieds. Ils se
cramponnaient aux branches avec les mains
de derrière, pendant que le corps pendu, la
tête en bas, ils se servaient des mains de
devant pour cueillir les fruits. Mais il y
avait des fruits plus distancés que les singes
ne pouvaient attraper malgré cet exercice
gymnastique, ce qui les désespérait; mais
la Nature était là en observation, surveil-
lant tous les mouvements des êtres et pénétrant tous leurs désirs.

C'est pourquoi les générations suivantes,
naquirent avec un appendice assez long et
que nous appelons : une queue. Cet appendice leur servit pour s'accrocher aux branches, et ainsi suspendus tout le corps dans
le vide, ils pouvaient attrapper les fruits
que leurs prédécesseurs n'auraient pu
atteindre.

Il y eut dans la race des singes une variété indéfinissable, et dont chacune semblait avoir une attribution différente, au
milieu de ces grandes forêts habitées par
une population de fauves plus féroces les
uns que les autres.

Dans cette variété, il y en eut une d'une
grosseur et d'une grandeur spéciale, possédant une force prodigieuse ; mais d'une

laideur monstrueuse. Aucun animal créé sur la surface de la Terre jusqu'alors, n'était ni aussi laid, ni aussi effrayant. Sa présence dans le désert faisait trembler les animaux les plus féroces. Son intelligence était de beaucoup supérieure à tous les animaux créés. Aidé de sa force, il en imposait à tous les êtres des forêts et des déserts. Il semblait être imposé par la Nature pour être l'arbitre de toute la race animale, dont le seul loisir était de se disputer la proie, en se déchirant continuellement les uns les autres, jusqu'à ce que la mort de l'un soit le triomphe de l'autre.

C'est le gorille, et que l'on a désigné comme bipède, parce qu'il a des mains et des pieds.

Cette famille de singes, aussi forte que monstrueuse par la laideur dont elle était comblée, mais d'une intelligence supérieure, malgré sa terrible férocité, savait dominer ses instincts et devenir presque douce.

Elle possédait un son guttural qui n'était pas la voix, puisque ce son s'arrêtait dans la gorge par l'effet d'une poche. Et cependant elle n'en avait pas moins trouvé le moyen de former un langage qui lui permettait de se grouper et de converser.

Il s'en trouvait même parmi eux qui

étaient presque orateurs, mais dans l'élan de leur discours le son s'arrêtait à la gorge, ils ne pouvaient plus parler.

Ah! se disaient-ils, si j'avais la facilité du langage, comme je parlerais bien. Et cette inspiration de désir chez une bête si monstrueuse s'accomplit; non point dans la génération de ceux qui avaient eu l'inspiration, mais parmi les générations qui suivirent; il y eut des sujets de cette famille qui naquirent ayant la facilité de prononcer nettement des sons qui furent des voyelles.

Voilà donc l'être le plus laid, le plus hideux de la terre qui a la faveur de posséder des pieds et des mains, et encore plus, les sons de la voix tout comme un homme. N'y a-t-il pas de quoi désespérer de la Nature qui, présageant l'homme pour en faire l'être le plus supérieur de tous les animaux de la Terre, choisit parmi tous l'animal le plus repoussant de tous ceux que, jusqu'à ce jour, il a créé et mis au monde.

Nous avons vu l'homme des bois dominant les animaux féroces. Nous voilà en présence de l'homme-singe, mais toujours aussi hideux dans sa laideur, dont l'intelligence prend un développement plus grand à mesure qu'il se reconstitue par les générations qui suivent.

Nous sommes maintenant en présence d'une génération qui possède la voix. Elle prononce les voyelles *a, e, i, o, u*. Avec cette organisation vocale, elle peut se composer des phrases à sa façon. Et lorsque les singes de cette race se réunissent, ils trouvent le moyen de converser plus facilement que les singes de la génération qui les précédait.

Dans leurs conversations de singes, ils avaient l'occasion de se rencontrer aussi souvent qu'il était possible. Il suffisait que parmi eux il s'en trouvât un seul qui eût l'idée de faire cette réflexion : Nous sommes tout de même bien laids, ce qui laisse à penser à tous que la réflexion est juste. Et le lendemain la question revient sur le tapis. Un second pose cette question : Si les jambes étaient plus longues que les bras, le corps serait bien mieux.

Cette question posée et approuvée de tous reste là : mais elle n'est point perdue dans le sein de la Nature, qui en profita pour se perfectionner dans l'inspiration du singe.

Mais ce perfectionnement de la Nature, ne profita point à la génération qui en avait été inspirée. Ce ne fut qu'aux générations suivantes qu'il naquit des singes avec des jambes plus longues.

Vous remarquerez que lorsqu'un désir

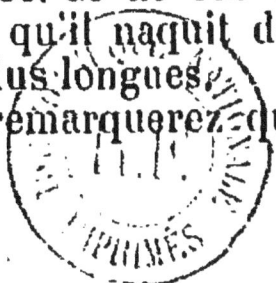

est évoqué, ce désir ne s'accomplit jamais de suite. Le Temps est là, pour prendre note de la date de l'évocation ; mais ce désir ne s'accomplit qu'avec le Temps.

Voilà donc une génération de singes avec des jambes longues ; et, en même temps que le corps, l'intelligence se développe. C'est pourquoi, dans les réunions de singes, il ne tarda pas à se produire une nouvelle inspiration. L'on trouva que les bras étaient trop longs ; et une autre génération vit naître des singes avec des jambes longues et des bras plus courts.

Plus tard, c'est la tête qui est trop grosse ; ensuite la bouche trop grande. Et avec le Temps le singe prend la forme d'un homme, mais d'un homme poilu comme un singe.

C'est alors que l'on trouve le singe trop poilu. Et à chaque génération qui passe, le singe se dépouille de son poil à un moment donné, il s'était complètement dépouillé de la pelure de singe et avait fait place à l'homme.

Voilà la vérité sur la création. Voilà son origine ! L'homme n'est que la perfection du singe. Et si vous avez suivi pas à pas les étapes de cette transformation, vous comprendrez facilement que la Nature, avec le Temps, nous ont considérablement aidés.

Vous, croyants et fanatiques des temps passés; vous qui croyez encore au mystère de la création divine; vous qui soutenez avec conviction que lorsque le bon Dieu voulut créer l'homme, il n'eut qu'à prendre une poignée de terre glaise pour en former un mannequin, et lui dit : « Lève-toi et marche ». Et voilà l'homme confectionné dans toutes ses formes.

Il y a, mes chers lecteurs, des raisonnements qui sont si bien bien établis, que malgré la plus violente critique, on les voit résister et tenir debout quand même : tandis qu'il suffit de quelques gouttes d'eau pour faire crouler le mannequin en terre glaise du bon Dieu.

CHAPITRE XXI

L'Homme.

Enfin! on peut dire en ce moment : *Ecce Homo!* voilà l'homme. Mais ce n'est pas le Christ, cet homme que l'on fit Dieu et qui se laissa crucifier comme un simple mortel.

L'homme qui vient de naître et qui, pour

a première fois depuis la création, vient
de faire son apparition sur la surface du
Globe, avec tous les instincts de ses ancêtres; vivant au milieu d'eux comme s'il
appartenait encore à la race des singes.
Très laid à son début, portant encore sur
son front le stigmate de sa naissance.

Mais peu à peu se développant, il eut le
sentiment de son indépendance. Il comprit
qu'il n'appartenait plus à la race des fauves.
Il quitta les bois et les forêts et commença
à construire des huttes, lorsqu'il ne trouvait
pas de caverne pour s'y loger.

Ils vécurent en famille. Les sentiments de
bonhomie prirent le dessus sur les instincts
de la brute. Ils se groupèrent et finirent
par se sympatiser. Ils modifièrent leur langage et formèrent des idiômes qui leur per-
mirent d'avoir entre eux des conversations.

Les idées se développèrent parmi ces
groupes, tout comme aujourd'hui, les idées
philosophiques prirent le dessus. A ce moment l'homme, tout à lui-même n'ayant pas
la tête préoccupée d'affaires commerciales
ou de tout souci politique, vivant en pleine
liberté et toute indépendance, avait le temps
de rêver.

Son principal souci était l'instinct de la
conservation, ce qui l'obligeait à se procurer la nourriture nécessaire ; mais une

fois l'estomac satisfait, il fallait bien occuper son temps : les uns dormaient, tandis que d'autres se formaient en groupe et conversaient.

Voilà l'époque où l'homme ne s'est jamais trouvé plus heureux sur la Terre. Pas de politique, pas de commerce, pas de contributions et pas de loyer à payer. Que pouvait-on désirer de plus?

C'est à ce moment où l'homme, insoucieux de tout ce qui nous préoccupe dans notre belle civilisation moderne, pouvait à son aise s'intéresser à tout ce qui venait frapper ses yeux. Le soleil dans le jour, les étoiles dans la nuit, la lune, la pluie et le beau temps. Alors, son imagination de travailler pour savoir qui pouvait faire tourner en un jour le Soleil et les Etoiles autour de la Terre. Ce qui pouvait les intéresser aussi, lorsqu'ils se regardaient les uns les autres, c'était de savoir comment il se faisait qu'ils soient sur la Terre, composés de bras, de jambes, et de quantités d'autres questions, qui les intriguaient autant à cette époque-là que le sont encore aujourd'hui les trois quarts des habitants des campagnes ainsi que des grandes villes.

Et lorsqu'ils avaient épuisé leur cerveau à la recherche de ce problème, ils en arrivaient indubitablement à cette solution, qu'il ne pouvait y avoir qu'un être invisible, mais supérieur à tout, pour faire mouvoir en un jour tout ce mécanisme céleste. C'était enfin un être suprême. Et, pour bien le distinguer au-dessus des hommes, il fallait lui donner un nom à part qui marquât sa puissance et sa divinité.

Les uns l'appelèrent Dieu, d'autres Boudah, allah, Jéhovah, etc., etc. Voilà comment il se fait que ce sont les hommes qui dans leur aveuglement, ont créé un Dieu, et non pas Dieu qui a créé les hommes.

Et selon chaque contrée, chaque climat, ou chaque exaltation de croyance, on éleva des temples pour adorer ce Dieu imaginaire, auquel on donna des puissances de toutes sortes pour exalter au plus haut degré le fanatisme des croyants.

Il suffit d'ouvrir les pages de l'histoire, pour connaître toutes les cruautés commises et voir toutes les victimes qui ont succombé sous le joug du fanatisme religieux.

Et voilà où l'imagination de l'homme s'est égarée, où la foi de la conscience, a cru trouver un gîte sûr pour confier ses chagrins et ses peines.

Dans un Dieu qui n'existe pas et qui n'a jamais existé.

Ce Dieu que l'on croyait tout puissant, et qui n'était qu'un mythe.

Sachez donc que notre Univers, placé au milieu de l'Infini par le fait du hasard à la place où il se trouve, est isolé de tous les autres Univers par des distances incalculables. Il est comme une maison isolée au milieu de la campagne, habitée par un chef et sa famille.

Or, le chef de notre Univers c'est le Soleil. Il est maître chez Lui, et nul n'a le droit d'y pénétrer sans son ordre ni sa volonté.

Donc, s'il y a un Dieu dans notre Univers, c'est le Soleil !

Si nous devons obéir à un maître, c'est au Soleil !

Si nous devons la vie à un être suprême, c'est au Soleil !

Parce que c'est le Soleil qui, par sa puissance dominante a attiré vers lui tous les atômes de l'Infini pour en former son Univers; avec lesquels il a formé les Terres et les planètes, et il s'est servi de ces planètes pour y créer des plantes, des animaux, et des hommes.

Tout cela dans son Univers duquel nous dépandons et d'où nous ne pouvons plus sortir.

Si nous vivons c'est par le Soleil qui nous a fait naître.

Sans le Soleil nous serions restés inertes en atômes impalpablés et invisibles dans les espaces de l'Infini.

Donc, notre devoir est de reconnaître le Soleil comme notre père, notre seul et unique Dieu. Attendu qu'en dehors de notre Univers, il n'y a point de Dieux pour nous. Il ne reste que l'infini dans le Néant de l'Eternité.

CHAPITRE XXII

Perfectionnement.

Maintenant que nous avons créé l'homme en le dépouillant de la bête pour en faire un être sociable. Nous ne pouvons pas le laisser tel que nous l'avons créé sans l'éplucher un peu, et savoir ce qu'il contient dans sa propre carcasse.

Nous laisserons les siècles s'écouler, et l'homme entrer dans la civilisation. Nous le prendrons tel qu'il est aujourd'hui.

L'homme par lui-même n'est qu'un animal perfectionné. Mais ce n'est point lui

qui a aidé la nature à sa perfection. S'il en
est arrivé à ce degré qu'il possède aujour-
d'hui, c'est parce que, depuis que l'animal
a fait son apparition sur la Terre, jusqu'au
jour où il s'est transformé en être humain,
il n'a point cessé de faire appel à la Nature
en lui dévoilant son imperfection.

Depuis l'être microbite le premier né,
jusqu'au jour où le singe perfectionné se
transforma pour devenir homme, l'appel
de tous les animaux dont la constitution
était incomplète pour la conservation de
leur vie, pour la circulation des aliments,
pour obtenir une plus grande force muscu-
laire, et d'autres désirs nécessaires à leur
perfection corporelle, c'est l'œuvre de la
Nature avec le Temps.

Tous ces désirs arrivant progressivement,
n'étaient point perdus dans le sein de la
Nature, qui acceptait ces désirs et en profitait pour se perfectionner, tout en perfec-
tionnant les êtres qu'elle avait mis au
monde.

Je ne serais point étonné que cette question très délicate trouve du scepticisme
parmi mes lecteurs. C'est pourquoi je vais
me trouver dans la nécessité de revenir sur
une explication dont j'ai déjà parlé, *et qui*
m'oblige à bien préciser, pour que l'on ne
suppose pas que c'est une invention de ma

part, de croire que la Nature se basait sur le simple désir d'un animalcule quelconque pour perfectionner l'ensemble de notre Univers.

Vous savez que la Nature représente la matrice dans le sein de laquelle naquit le premier atome qui s'était produit par l'union du Hasard avec la Fatalité. De ce jour, la matrice de la Nature dut fournir la nourriture nécessaire pour entretenir cet atome qui, avec le Temps, devint Soleil, forma l'Univers, créa les planètes, fit naître les plantes, les animaux et les hommes.

Tout cela, étant né dans le sein de la Nature, ne forma qu'un seul et même corps. Ce corps avait été formé avec les atomes qui remplissaient l'Infini. Ces atomes, invisibles et impalpables, représentaient l'essence des esprits bons et mauvais dont la Nature se servait pour composer la vie et la matière qui forment le corps de tous les êtres de l'Univers.

Tous ces êtres étant nés dans l'Univers, font partie de son corps. Si un être quelconque reconnaît une imperfection à sa constitution, et qu'il exprime le désir qui pourrait modifier cette imperfection ; ce désir formulé est deviné par la Nature de notre Univers, qui est une sensitive répandue dans toutes ses porosités. Elle représente un fluide acoustique, sensationnel et impénétrable, qui unit les uns aux autres tous les atomes de l'Univers. Elle reçoit les vœux et les désirs invoqués.

De ce moment elle va fouiller dans l'Infini pour y trouver les atomes nécessaires à la perfection des désir invoqués. Ces atomes arrivent au cœur de l'Univers où ils y sont purifiés et ensuite répandus au hasard dans tous les espaces. Les êtres qui aspirent cette semence produisent inconsciemment une génération perfectionnée d'après les désirs exprimés. Et que l'on regarde comme un phénomène de la Nature.

Voilà le mécanisme de notre Univers, qui sert à perfectionner la Nature dans tout son ensemble. L'homme semble aujourd'hui satisfait de son développement corporel et n'avoir plus rien à lui demander.

Cependant, si nous repassions les progrès qui se sont accomplis dans le bien-être général, par le développement intellectuel de l'homme, depuis un petit nombre d'années : vapeur, électricité, téléphone, phonographe, cinématographe, télégraphe sans fil, automobile et autres, nous verrions que toutes ces choses ne sont que des perfectionnements de la Nature par le développement intellectuel qu'elle nous a fourni et dont l'homme se sert pour perfectionner son bien-être, en puisant ses inspirations dans le sein de cette bonne mère la Nature.

Mais le Temps qui marche toujous n'a jamais dit le dernier mot.

Il peut à un moment donné procurer quelque surprise, si ce n'est à nous, les générations qui nous succéderont, seront à même d'en profiter. Il suffira d'un inspiré, ayant dans son cerveau une idée heureuse, qui rendrait à notre système corporel une modification qui perfectionnerait d'une manière utile et plus pratique, la conservation de notre corps ou la prolongation de notre existence. Cette inspiration suffirait pour que la Nature s'en emparât, et fit naître dans les générations qui suivront des êtres plus perfectionnés que nous le sommes.

Mais en attendant, cherchons à étudier l'homme tel qu'il est aujourd'hui, avec toutes ses qualités et tous ses défauts, et voyons où les uns et les autres peuvent le conduire.

L'homme est composé de deux principes qui sont la vie et la matière. La vie est le principe pur qui nous vient du cœur de l'Univers ; ce cœur que nous voyons de nos propres yeux, c'est le Soleil ! C'est donc de Lui que nous tenons la vie.

La matière, c'est le principe impur qui est formé de tous les mauvais sentiments, de toutes les mauvaises pensées et de toutes les mauvaises passions. C'est l'épuration du principe pur qui a formé la lumière, et que le soleil a rejeté de son corps comme déjection. Et c'est de cette déjection, qui possède tous ces mauvais instincts innés, dont on a formé la matière qui compose notre corps.

Donc, nous sommes parfaits et purs par la vie, et nous sommes imparfaits et impurs, par la matière de notre corps.

Voilà les deux seuls et uniques principes dont l'homme est composé. Tant que la chaleur de la vie sera liée à notre corps, nous vivrons, mais le jour où notre corps, pour diverses raisons, n'aura plus la force de retenir la vie, celle-ci nous quittera et nous mourrons. Ces diverses raisons sont : la maladie, la débauche, le suicide, la mort violente, soit accident ou crime et, enfin, la vieillesse.

CHAPITRE XXIII

Composition de l'homme

L'être vient au monde par l'union de deux corps diamétralement opposés l'un de l'autre, dont l'un est le mâle et l'autre la femelle. De cette union naît un être que le Hasard a bien formé : il est né mâle ou femelle.

Du moment qu'il est bien constitué, aussitôt qu'il voit le jour, il aspire ! Et dans cette aspiration, il attire à lui la vie qu'il ne possédait pas encore.

Cette vie que l'être dans sa respiration vient de recevoir, c'est la vie de la Terre, composée de l'Esprit *pur* et de la vie de tous les animalcules célestes, que l'atmosphère a recueillis en les attirant vers la Terre. Cette vie est déjà un mélange de bien par l'Esprit pur, et de mal par les esprits impurs des animalcules célestes.

De plus, ils vont se mélanger avec les esprits impurs de l'être qui porte en naissant le germe paternel et maternel.

Ce germe s'est réveillé et s'est uni en

même temps, en recevant par aspiration, l'étincelle d'Esprit pur, qui a donné la vie, à tous les corps impurs qui composent le corps.

Voilà de quoi est composé l'être en naissant. C'est à lui à se débrouiller en tirant le meilleur parti possible de sa composition vitale.

Voilà l'homme lancé dans la vie, ayant à son actif une composition de bien et de mal.

L'on se demande comment il se fait que l'Esprit pur de la vie, cet astre de la pure lumière, s'unisse aux esprits des ténèbres, qui sont les esprits du mal.

L'Esprit de la lumière, dont la pureté est grande comme tout son Univers, n'a pour lui que les sensations du bien. Il voudrait, par les sentiments dont il est inné, rendre son Univers parfait. C'est pourquoi il s'unit aux matières impures, espérant par sa pureté les rendre pures et parfaites.

Mais l'astre pur étant né du Hasard, il ne se soumet qu'à lui en s'unissant aux ténèbres. S'il réussit à faire un être pur et parfait, c'est le Hasard qui l'aura servi ; si le sujet reste mauvais, impur et ténébreux, c'est la Fatalité qui l'aura entraîné.

L'homme se trouve donc, dans le cours de son existence, aux prises entre le bien et le mal. Comment va-t-il se tirer d'affaire?

C'est ici une des questions les plus délicates à résoudre, quand il s'agit de découvrir la source du bien ou du mal. La constitution de l'homme, ses penchants, ses instincts, ou bien ses qualités.

Nous sommes, nous, le tribunal aveugle qui jugeons notre semblable sans le connaître, sans savoir à quel penchant, à quel instinct il a fatalement obéi malgré lui, à commettre un crime. Et lorsque l'homme que vous condamnez se regarde lui-même, il se demande si c'est bien lui qui a pu commettre un tel forfait; et si c'est bien lui que l'on a condamné à la peine capitale.

Pourquoi l'avez-vous condamné? Vous! qui ne le connaissez pas, et qui ne pouvez le connaître, puisque vous ne vous connaissez pas vous-même.

Si le Hasard n'a point voulu que vous fussiez à la place du condamné, la Fatalité aurait pu vous choisir pour vous mettre à sa place. Attendu que cet homme en naissant a reçu, comme vous, une âme, que le Hasard pouvait favoriser, lorsque la Fatalité s'est acharnée après elle.

CHAPITRE XXIV

L'Ame

L'âme ! voilà le grand mot dont un grand nombre ont le courage de douter, tandis que l'autre partie y croit, mais ne la connaît pas.

L'âme existe chez tous les êtres vivants. C'est le mécanisme qui fait mouvoir une horloge. C'est le mouvement qui marque tous les actes de notre vie. C'est elle qui ordonne, qui commande, et c'est à elle que nous obéissons inconsciemment, sans pouvoir y résister. C'est, en un mot, le mouvement perpétuel de notre vie.

L'âme, il faut la connaître dans tous ses détails. Mais, pour que vous sachiez ce qu'elle est, il faut aller à la source. C'est là que vous apprendrez son origine. Ce détail est délicat, je le confesse ; mais, il est nécessaire, et vous me pardonnerez de ne pouvoir l'effacer de ce chapitre, parce que c'est le point de départ de la création de l'être.

Un être viens au monde par la commu-

nion de deux êtres diamétralement opposés
de sexe, dont l'un est mâle et l'autre femelle. Dans cette union, chacun fournit son
apport. Cet apport est composé d'un nombre infini de larves, qui s'unissent ensemble
et produisent une masse dans le corps de la
femelle, qui devient la mère du nouveau-né.

Si la production de larves fourni par le
mâle est supérieure à celle de la femelle, le
nouveau-né est un mâle. Si la production
de la femelle est supérieure à celle du mâle,
le nouveau-né est femelle dans la race animale.

Ce point bien établi est produit par le
fait du Hasard; et pour être plus précis,
sans vouloir froisser la susceptibilité de
personne, je dois ajouter: et de la Fatalité.
Parce que chacun de ces deux esprits sub-
tils qui sont une des causes plus ou moins
heureuses ou plus ou moins fatales à notre
existence, ont le droit d'assister à la naissance d'un nouveau-né, et se l'accaparer
aussitôt qu'il vient de naître.

Celui ou celle qui, en naissant, est composé en nombre supérieur de larves dont
les sentiments sont purs, appartient au
Hasard. Celui ou celle, dont les larves impures se trouve en supériorité, appartient
à la Fatalité.

Maintenant, revenons au groupement des

larves qui s'est formé dans le sein de la mère. Ces larves, par leur groupement, ont formé un germe qui a pris sous sa protection toutes les larves du groupe. Ces larves possèdent chacune, dans leur intérieur, un sentiment spirituel qui est plus ou moins bon ou plus ou moins mauvais. Ce sont les héritages du père ou de la mère qui, en se développant, doivent former l'âme qui, un jour, dirigera le corps.

Ce groupement de larves, qui n'est qu'à l'état de germe, va former le cœur de l'être qui vient de se créer. Ce cœur sera composé de tous les esprits, bons ou mauvais, qu'il a reçu en venant au monde.

La composition du corps de cet être, qui depuis le commencement de la création est un perfectionnement de la Nature, va se former tout naturellement. Mais cet être, qui est toujours dans le sein de la mère, ne possède pas encore le sentiment de la vie réelle. Son existence n'est que spirituelle et nourrie de la vie de la mère. Cet être ne possèdera la vie réelle que le jour de sa délivrance en aspirant pour la première fois. Si l'être n'aspirait pas, il n'aurait jamais vécu de la vie réelle.

Nous avions besoin de ce préliminaire pour savoir comment était composée l'*âme* de l'homme en venant au monde.

Nous savons maintenant que le cœur s'est formé avec le germe et que celui-ci était composé avec les larves dont chacune possédait un sentiment différent. Et l'être en se développant avec la vie réelle, autrement dit : en grandissant, tous les sentiments du cœur prenaient en même temps de la vie et du développement.

L'enfant est devenu homme. Il a maintenant le jugement de son âge. C'est le moment où l'âme se développe dans le cœur de l'homme et c'est aussi le moment d'en faire la composition, puisque nous avons en main tous les éléments nécessaires.

Voici donc comment est représentée l'âme dans le corps. Le cœur représente le gouvernement de l'homme. Tous les esprits réunis bons ou mauvais représentent l'assemblée nationale. Dans les moments de calme, ils vivent dans l'union la plus parfaite. Le cerveau représente le ministère des affaires étrangères, ayant à son service quatre secrétaires, qui sont les deux yeux pour voir et les deux oreilles pour entendre; ce qui se voit et ce qui se dit qui puisse intéresser le gouvernement qui est le cœur.

Les secrétaires en font part au ministère du cerveau, celui-ci communique au gouvernement du cœur ce qui se passe au dehors.

Le cœur consulte l'assemblée qui, immédiatement se désunit pour se former en groupe de partisans bien prononcés. C'est-à-dire d'un côté se groupent les bons esprits et de l'autre les mauvais. Mais il y a le parti du juste-milieu qui n'est ni bon ni mauvais et qui né veut être ni mauvais ni bon. C'est le ministère de la justice.

Les deux partis bons et mauvais esprits forment la balance; et le juste milieu représente le levier qui tient la balance et représente la conscience.

Si la balance pèse du côté des bons esprits, ce sont les sentiments de bien qui dominent. L'homme qui possède une pareille âme est entraîné à suivre la ligne droite; et portant fièrement la tête haute, il suit le chemin du bien et de l'honneur.

Si la balance pèse du côté des mauvais esprits, l'homme affligé d'une pareille âme cherche les chemins détournés et ténébreux. Il fuit la lumière, il marche la tête basse vers le deshonneur, les mauvais penchants et quelque fois au crime.

Voilà l'âme telle qu'elle est dans le cœur de l'homme. Si jusqu'à présent vous l'avez méconnue, n'en doutez plus. Je vous l'ai montrée à cœur ouvert. Vous savez qu'il reste le juste-milieu qui est la conscience et la justice. C'est elle que vous devez consulter longtemps avant de prendre une décision dans la vie. C'est donc à vous à savoir ce que vous avez affaire.

CHAPITRE XXV

Les Passions

L'homme est donc entièrement libre de suivre la destinée que le Hasard ou la Fatalité l'a comblé en naissant. Mais, il a dans son âme la conscience! qui est le juste milieu entre le bien et le mal.

Cette conscience, que chacun devrait consulter avant de se lancer en aveugle dans l'entraînement de ses passions, pourrait ramener l'homme à des sentiments meilleurs. Car, si l'homme est né avec des prédestinées mauvaises, ce n'est pas une raison pour qu'il se trouve dans la nécessité de les suivre. S'il voit de ses yeux un forfait se commettre, ce n'est pas un motif, parce que ses instincts sont mauvais, d'être dans la nécessité d'en faire autant. S'il entend de ses oreilles un mauvais conseil, il n'est pas obligé de le suivre. Ses instincts lui diront : Oui ! Mais sa conscience lui dira : Non ! Parce que sa conscience fait partie de l'âme. Et si l'homme, au lieu de se laisser entraîner aux mauvais penchants de son âme, a le courage de consulter sa conscience, il sera retenu au bord de l'abîme au moment de s'y précipiter.

Malheureusement, l'homme se trouve malgré lui entraîné dans le toubillon qui doit le perdre. Il s'y laisse aller, inconscient, un bandeau sur les yeux, sans réfléchir aux conséquences de l'avenir, qui lui fera payer au centuple le tort qu'il a eu de ne pas avoir consulté sa conscience.

Qui donc pousse l'homme vers les penchants vicieux qui doivent le perdre ? Est-ce l'ignorance ? Non ! L'ignorant reste ce qu'il est. Et s'il fait du mal, ce n'est point parce qu'il est vicieux, mais parce qu'il est inconscient de l'acte qu'il commet.

L'on pourrait croire que l'instruction donnée à l'enfance procure l'intelligence nécessaire pour devenir honnête homme. Cela devrait être ; mais pour cela, il faudrait commencer par lui donner une instruction morale. C'est ce qui, malheureusement, manque aujourd'hui dans toutes les écoles.

Quant à l'instruction intellectuelle, elle ne sert qu'à développer l'ambition chez le sujet qui en est prédisposé.

L'instruction devrait être donnée aux enfants selon la situation que les parents occupent. Ou bien selon le développement intellectuel des enfants de toutes les classes. Mais alors à une condition, c'est que les parents se sentent la force d'assurer à leurs enfants la subsistance nécessaire, jusqu'au jour où l'enfant se sera créé une position sociale en rapport avec l'instruction reçue. Si non, l'on fait des déclassés qui, avec beaucoup d'instruction et pas de fortune sont entraînés pour vivre à des moyens honteux, à des entreprises véreuses qui les conduisent dans des chemins ténébreux, qui sont les chemins du vice criminel.

Quant aux enfants dont la situation supérieure a permis de recevoir une haute éducation, arrivés à leur majorité, ils choisissent une position quelconque dans le monde, soit la finance, le barreau, la politique, ou toute autre situation.

Ceux-là, par leur éducation complète et leur intelligence développée, doivent être le modèle de la perfection humaine. Eh bien! c'est une erreur. Il y a certainement parmi cette classe des hommes de haute probité et d'honneur. Mais il s'y rencontre aussi de grands coquins et de grands misérables.

D'où vient donc cette perversité dans la haute société? Cela vient d'abord de l'ambition d'être et de paraître. Jalousie de son supérieur et du désir de le supplanter pour prendre sa place.

Rien ne coûtera à cette ambition qui n'a plus de bornes; ce sont les sentiments de l'âme des ténèbres. La conscience, c'est du superflu; on ne se donnera pas la peine de la consulter; on ne l'écouterait pas. Coûte que coûte, il faut réussir; tous les moyens seront bons. Un, surtout, qui ne rate jamais et qui a toute influence, on l'emploiera : c'est la Religion. Cette clé ouvre toutes les portes. L'on n'y croit plus; mais autour de ce cénacle on trouvera autant de partisans qu'on en aura besoin, et un nombre de fanatiques, autrement dit : d'imbéciles qui feront auréole à ces coquins fieffés qui, pour arriver à leur but, n'hésiteront pas à franchir la rampe pour avaler des bons Dieux qu'ils mâcheront ensuite à belles dents.

Voilà cette partie de gros bonnets que l'on salue jusqu'à terre et qui ont le cœur et l'âme empoisonnée de tous les esprits du mal. Ce ne sont que de faux bons hommes.

Quant aux malheureux, ces êtres sans aucune instruction morale, qui n'ont jamais su que dans le cœur de l'homme il y avait une âme et une conscience ; ils suivent leur instinct naturel qui est dominé par les esprits du bien ou du mal. Les uns sont naturellement bons et les autres naturellement mauvais. Ce sont ceux-là que la justice des hommes, un bandeau sur les yeux, poursuit sans pitié. Tandis que les intellectuels, coquins par intelligence, sont traités avec respect comme des hommes de bien.

Vous croyez peut-être que tous ces coquins de haut ou bas étage, après avoir exploité, ruinés ou réduits à la dernière misère leurs victimes pour s'enrichir à leurs dépens; s'élevant sans honte et sans vergogne aux plus hauts degrés de l'échelle sociale, vont jouir de leur fortune mal acquise, jusqu'au dernier jour de leur existence, comme des êtres bien heureux?

Détrompez-vous ! La conscience qui a suivi pas à pas tous les actes de leur vie, n'attendra pas après leur mort pour les juger selon qu'ils le méritent.

La conscience ne reconnaît ni le Ciel ni l'Enfer. Ces deux séjours d'outre-tombe. Imaginés par les fausses religions pour récompenser ou punir les hommes après la mort, selon leur conduite sur la Terre.

Le Ciel et l'Enfer sont de ce Monde. Ils appartiennent à la conscience des hommes, qui récompense ou punit sur cette Terre et avant la mort, les bienfaits ou les crimes selon leur mérite.

Supposez-vous qu'un homme qui aura mené une existence abominable. Qui n'aura à son actif que des méfaits, accompagnés de tous les vices allant souvent jusqu'au crime, se reposera le restant de ses jours dans une béatitude céleste ? Attendant les derniers jours de sa vie pour appeler un prêtre qui lui donnera l'absolution de ses fautes, ce qui lui permettrait d'aller tout droit en paradis.

Le bon sens seul vous fait voir que cette action est impossible.

Vous vous adressez à un prêtre qui est un homme comme vous et qui possède au même degré les instincts d'un honnête homme, tout comme ceux d'un fieffé coquin ; et vous croyez que cet homme a le pouvoir et l'autorité nécessaire pour envoyer en Paradis, au milieu de braves gens qui ont mené une vie exceptionnelle pleine d'honnêteté et de vertus. Et vous trouvez que Dieu serait très juste en recevant le loup dans la bergerie.

Les prêtres ont traité à leur façon ces principes religieux ; mais en agissant de la sorte, ils avaient un intérêt marqué à le faire.

J'ai dit : la vraie religion est dans la conscience. Nous la recevons tous en naissance. C'est à nous à la pratiquer en la consultant tous les jours. Tant pis pour vous si vous ne l'avez point fait.

Mais cette conscience dont vous semblez faire fi ! ne perd jamais ses droits. Elle vous suit pas à pas et ne vous quitte jamais. Elle observe tous les actes de votre vie et ne les oublie jamais. Prête à vous les rappeler quand le moment est jugé nécessaire.

Ainsi, voilà un coquin tel que je vous l'ai désigné ci-dessus. Qui a commis tous les méfaits possibles. Qui possède tous les vices et tous les actes criminels possibles. Qui a volé ses amis, les a ruinés et mis sur le grabat. Qui s'est enrichi sur la ruine de ses victimes. Qui est pédant, orgueilleux, vaniteux et dominant tout le monde par sa situation de fortune.

C'est le moment ou il croit se reposer tranquillement sur ses lauriers de forfaiture. Vous croyez en le voyant que cet homme est heureux ? Erreur ! mille fois erreur. Cet homme que vous croyez heureux, est aux prises avec sa conscience qui vient de se réveiller, et se présente à lui pour repasser devant ses yeux la liste de tous ses forfaits.

Et lorsque vous le voyez dans son palais, dans son parc ou dans son jardin, fumant un gros cigare, prenant un café ou une liqueur quelconque, vous vous dites : Voilà un heureux mortel! C'est encore une erreur. Sa conscience lui rappelle son ingratitude, pour ne l'avoir pas consultée dans les moments difficiles. Elle lui fait passer devant les yeux toutes les victimes qu'il a dépouillées, ruinées, mis sur le grabat. Et c'est à ce moment où la conscience dresse son tribunal de justicier en mettant au pilori, devant lui-même, l'effigie de ce personnage malfaisant, qui a su triompher de la justice humaine, mais qui ne peut échapper à la justice de sa conscience.

Cet homme possesseur de richesses innombrables, ayant tout ce qu'il faut pour être heureux, se trouve sans cesse sous le coup d'un cauchemar qui ne le quittera plus. Et la conscience, qui veut achever son œuvre, le frappe d'une mort violente au plus beau de sa splendeur. Ou bien elle l'afflige de toutes sortes d'infirmités qui le couchent dans un fauteuil ou dans un lit. Et là! le cauchemar de sa misérable vie lui apparaît sans lui laisser une minute de repos.

Pour cet homme voilà l'Enfer. Sa vie lui
est à charge. Et au milieu de ses richesses,
mal acquises, il appelle de tous ses vœux la
mort, qui le délivrera pour toujours du
remords de sa conscience.

Tandis que ce misérable est puni par le
remords, l'homme de bien, celui qui a toujours suivi le chemin de l'honneur, qui,
malgré toutes les tentations, a su résister,
n'agissant jamais sans avoir consulté sa
conscience. Faisant le bien partout où il
passait, laissant de toute part un heureux
souvenir de son passage. Cet homme arrive
dans un âge avancé avec la sérénité de
l'homme de bien. Ayant toujours la conscience tranquille, se voyant toujours entouré de bons et vrais amis, qui sont heureux de lui serrer la main et qui, en le
quittant, ne peuvent s'empêcher d'exprimer
un épanchement en sa faveur, qui est de
dire de lui : Ah ! le brave homme.

Il est de même entouré de sa famille, ses
enfants, ses petits-enfants qui sont heureux
de lui prodiguer toutes sortes de petits
soins sans cesse renouvelés.

Voilà le paradis de l'homme de bien. Se
voyant vieillir dans la plus douce sérénité,
et se laissant aller, jusqu'à son dernier
jour, dans la plus suave des béatitudes.

CHAPITRE XXVI

Le Hasard et la Fatalité.

Maintenant que nous avons exposé la vie de l'homme dans le cours de son existence sur notre Terre, il faudrait savoir ce que nous devenons après avoir cessé de vivre.

Voilà un de ces problèmes difficiles à résoudre et qui a laissé dans la perplexité toutes les suppositions que l'homme a pu faire depuis qu'il a fait son apparition sur la surface du globe.

Chacun s'est demandé ce que nous pouvions devenir, si tout était fini ou bien si nous reprenions une autre existence.

La religion catholique a su se tirer d'affaires en créant le Paradis pour les bienheureux, le Purgatoire pour les incertains et l'Enfer pour les damnés; enfin, chacun y trouvait sa place.

Et nos ancêtres, pleins d'une croyance extrême dans cette religion qui avait entrevu les mystères d'outre-tombe, se laissaient entraîner vers cette foi avec un fana-

tisme qui leur faisait oublier out sentiment de miséricorde pour ceux qui profes-
saient un autre culte.

Les musulmans avaient une autre manière de voir les choses dans l'autre monde :
ils avaient créé un paradis où l'on vivait
toujours en fêtes, noces et festins ; mais
pour y rentrer, il fallait que Mahomet
vienne après la mort les prendre par les
cheveux pour les emporter dans son paradis. C'est pourquoi les musulmans de
toutes les contrées se laissent pousser une
mèche de cheveux. Et c'est ainsi que toutes
les religions ont une manière de régler la
vie dans l'autre monde.

Mais toutes ces inventions ne reposent
absolument que dans l'imagination de ceux
qui les ont inventées et qui n'ont rien dans
leur ensemble qui puisse justifier de la
véracité illusoire de ces inventeurs.

Nous n'avons pas l'intention de critiquer
les hommes qui se sont ingérés l'idée de
fonder une religion, dont le sentiment moral
qui s'en échappe est toujours inspiré par le
désir de retenir les hommes dans la pensée
du bien.

Mais de tous les écrivains religieux ou
philosophes qui ont travaillé de longues
années à traiter la question de la vie après
la mort, ils n'ont écrit que sur des suppo-

sitions philosophiques sur lesquelles ils doutaient eux-mêmes.

Ce qui est certain : c'est que tous ces élus que la chrétienté a envoyés dans le Paradis après leur mort, depuis une quantité de siècles ; sont toujours en train de chercher l'escalier qui doit les y conduire.

Alors à bout d'arguments, vous , vous demandez ce que nous sommes sur cette Terre et ce que nous devenons après la mort. Tout est-il fini ?

Voilà la corde sensible et la question délicate, qu'il est audacieux d'y répondre. Attendu que depuis que le monde est monde, aucun mortel n'est revenu de l'autre monde pour nous l'apprendre. C'est donc aux vivants de dévoiler les secrets d'un monde inconnu. C'est ce que je vais essayer de faire, me basant pour cela sur tout ce qui a été dit sur la création et qui doit fatalement nous reporter sur ce qui va suivre.

Aussitôt que l'être est composé dans le sein de la mère, par l'union de deux êtres qui sont le père et la mère. Il reçoit une vie factice qui est la vie spirituelle de la matière. Attendu que chaque atôme qui va former le corps de cet être représente une essence différente de sentiments bons ou mauvais.

Cet être se forme avec les atômes charnels de la mère, et fait partie de son corps. Et il ne reçoit la vie réelle que le jour de la délivrance, au moment où il aspire pour la première fois l'air extérieur qui est l'air de l'atmosphère de la Terre. Cet air est rempli de la chaleur solaire qui est l'essence de l'Esprit pur, et qui représente l'essence de la vie réelle.

Aussitôt que la vie de l'Esprit pur a pénétré l'être qui vient de naître, il s'unit à tous les atomes de la matière qui contiennent chacun l'essence des esprits ténébreux et impurs. L'Esprit pur, au moyen de cette union, les mitige et leur donne la vie, qui permet au corps d'agir et de se mouvoir comme tout être vivant.

L'être qui vient de recevoir ainsi la vie par l'union de l'Esprit pur avec les esprits impurs, vient par cette union de créer en lui l'âme qui doit diriger dans l'avenir son existence vers le bien ou vers le mal. Attendu que l'Esprit pur en s'unissant aux esprits impurs leur donne autant d'autorité vitale qu'à lui-même. Il y a même plus : les esprits impurs de la matière étant un groupement de vices de toutes sortes que l'être possède dans le corps, ils arrivent par la ruse et par l'astuce à dominer l'esprit pur et entraîner dans le mal le corps du sujet qui les possède. Et l'Esprit pur n'ayant plus aucune autorité, se trouve entraîné dans le gouffre qui doit perdre le corps avec son âme.

Voilà donc le groupement de tous les esprits, qui sont les atomes spirituels qui remplissaient les espaces de l'Infini avant la création et qui forment les esprits viciés et non viciés qui composent la matière du corps. Mais incapables d'aucune volonté, quoique possédant l'esprit de toutes les qualités et de tous les vices possibles, et qui prennent vie et volonté aussitôt que l'Esprit pur est venu s'unir à eux.

Voilà comment nous pouvons expliquer le mouvement intellectuel qui fait mouvoir et agir l'homme dans son existence sur la Terre.

Étant fixé sur la composition de l'homme pour qu'il vive sur la Terre, nous allons le laisser libre de suivre sa carrière selon ses goûts, ses désirs ou ses instincts.

Nous allons l'attendre au moment où il quitte ce monde pour rentrer dans un monde inconnu, et savoir ce qu'il va devenir.

Puisque nous connaissons sa constitution pour qu'il vive, il faut que nous connaissions, de même, sa dislocation pour qu'il meure.

L'homme vit plus ou moins longtemps. Il meurt à tout âge. Pourquoi la vie n'est-elle point égale pour tous les êtres de la Terre.

C'est là une question qu'il faut sérieusement poser à tous ces fanatiques endurcis, qui viennent sans cesse vous corner aux oreilles : que Dieu est un esprit infiniment parfait.

Puisque ce Dieu en qui vous avez une confiance aveugle est si infiniment parfait, pourquoi n'a-t-il point fait l'égalité chez les hommes dont les uns, ayant les aspirations de vivre longuement, meurent jeunes ayant éprouvé toutes les souffrances et toutes les maladies imaginables; tandis que d'autres, insouciants de tout ce qui se passe autour d'eux, vivent de longues années sans jamais avoir éprouvé la moindre indisposition? Et il y aurait beaucoup de pourquoi à demander, où ces enracinés croyants n'auraient qu'une réponse à vous faire : Ce que Dieu fait est bien fait !

Eh bien, moi, je réponds à ces croyants de courte durée, car l'heure où doivent crouler ces fausses croyances ne tardera pas à sonner, je réponds ceci : Si le Dieu de vos croyances existait, ce serait l'être le plus inique que l'Univers ait à subir. Mais Dieu n'existe pas ! Heureusement.

Mais alors, me demanderez-vous : quelle est la cause de cette inégalité ? Pourquoi y a-t-il des gens qui sont très riches et d'autres très pauvres ? Pourquoi y a-t-il des gens qui sont toujours bien portants et d'autres toujours malades ? Pourquoi y a-t-il des gens à qui tout réussit et d'autres qui, malgré tout leur bon vouloir, ne réussissent jamais ? Et toujors des pourquoi indéfinissables ?

Parce que tout est né du Hasard, qui est est le père du premier atome de l'Esprit pur. Cet atome qui a créé le Soleil *et* que le Hasard voulut que le Soleil créat la lu-mière, *et* que la lumière créat la vie *et* que la vie créat les Univers, *et* les Univers ont créé les Terres, *et* les planètes, *et* les Terres ont créé les plantes, les animaux et les hommes.

Et les atomes de l'Infini qui n'ont pas été choisis pour créer toutes ces choses-là, c'est que la Fatalité, épouse du Hasard, ne l'a point voulu.

Voilà pourquoi les hommes qui sont heu-reux, les hommes qui sont riches, les hom-mes qui réussissent partout ; c'est que le Hasard l'a voulu.

S'il y a des hommes pauvres, des hommes malheureux, souffreteux, ayant la déveine, ne réussissant jamais, c'est la Fatalité qui

le veut. Chercher ailleurs, c'est faire fausse
route.

Dans une loterie où dix millions de bil-
lets sont en jeu, pourquoi un tel qui n'y
pensait pas a-t-il gagné un million; tandis
que les autres joueurs qui espéraient gagner et rêvaient la fortune n'ont rien gagné
du tout. C'est parce que le Hasard a voulu que
ce soit un tel qui gagne. Et que la Fatalité
a voulu que les autres ne gagnassent pas.

Voilà notre existence. La cause de notre
bonheur, si nous en avons, nous le devons
au Hasard. La cause de nos malheurs, si
nous en avons, c'est la Fatalité qui nous
poursuit.

Ne cherchez point dans tout cela le doigt
de Dieu; vous ne le trouverez pas. Toutes
vos prières seront inutiles. Vous appartenez
au Hasard vous réussirez. Vous appartenez
à la Fatalité, tout ce que vous entrepren-
drez sera frappé de Fatalisme.

Mais alors, vous vous demandez : qu'est-
ce que le Hasard, qu'est-ce que la Fatalité?

Le Hasard est un esprit tellement subtil
qu'il est d'une composition plus superfi-
cielle que les esprits. Autrement dit : Plus
éthérée que l'essence qui forme les esprits.
Il est de tout temps et de tous lieux. Il
n'a jamais eu de commencements et il
n'aura jamais de fins.

Il marchait dans l'Éternité insouciant et inconscient de ce qu'il était. Lorsqu'à un moment donné dans ce silence éternel, il y eut comme une sensation du désir du réveil de la Nature. C'est à ce moment que le Hasard s'unissant à la Fatalité recueillit le premier atome qui se présenta dans l'Infini, et voulut qu'il devint le germe de l'Esprit pur. Il l'abandonna au cœur de la Fatalité. Ce qui forma la nature. C'était la Matrice du Néant, qui fut chargée de donner la nourriture au premier atome du Hasard, qui était l'Esprit pur.

Et depuis le commencement des commencements jusqu'à nos jours et jusqu'à la fin des siècles, lorsque la Nature éprouve une sensation du désir de se perfectionner, soit dans les astres, les plantes, les animaux ou les hommes ; le Hasard pressenti du désir de la Nature, va inconsciemment choisir dans la masse celui qui doit avoir l'inspiration de cette invention, de cette découverte ou de ce perfectionnement, qui sera l'accomplissement du vœu de la Nature.

La Fatalité a pris sous sa protection les atomes que le Hasard n'a pas choisi pour les donner en pature à l'Eprit pur. Nous l'appelons la Fatalité ; mais nous pourrions l'appeler aussi la Jalousie et l'Envie, qui fit

naître toutes les haines, toutes les méchan-
cetés et toutes les turpitudes dont l'espèce
humaine est empoisonnée.

Voilà le point de départ du commencement de la création. Tous les atômes qui ne
furent point choisis par le Hasard pour former le premier atôme de l'Esprit pur, con-
çurent une haine jalouse, qui se renferma
dans leur intérieur et forma l'essence des
esprits du mal et qui plus tard forma la
matière qui devait créer les animaux et les
hommes.

C'est là l'existence telle qu'elle est et le
joug sous lequel nous sommes tous soumis.

Heureux sont ceux dont la sagesse et la
vertu ont le courage et la force de résister
aux tentations de la Fatalité. Tôt ou tard ce
bonheur peut être récompensé d'un bonheur bien mérité.

Il ne faut cependant pas attribuer à la
Fatalité l'englobement de tous les atômes
de l'Infini qui n'avaient pas été favorisés
par le Hasard. Il s'en trouva une grande
partie dont le sentiment était aussi pur que
le premier atôme, et qui s'unirent à lui
pour former le globe qui créa le Soleil.

CHAPITRE XXVII

Après la mort.

Nous savons maintenant que le corps de l'homme est un composé de matières dont chaque atome est le germe d'une essence spirituelle ayant des sentiments qui sont plus ou moins bons ou plus ou moins mauvais. Cela dépend du Hasard ou de la Fatalité au moment de sa formation. Mais tous ces atomes sont mitigés par l'Esprit pur aussitôt que la vie réelle pénètre dans le corps. De ce moment, la balance se trouve établie entre le bien et le mal; et, selon les bonnes ou mauvaises intentions du sujet, ses sentiments penchent soit d'un côté ou ou de l'autre et entraînent dans leur penchant tout ce qui formait les sentiments de l'âme.

Prenons un sujet qui va mourir et dont l'âme corrompue a été entraînée dans le vice.

Cet être, au moment de la mort, est jugé par sa conscience, qui fait passer devant

lui tous ses forfaits et tous ses crimes. Cet
être, accablé sous le poids des remords, fait
appeler un prêtre qui lui donner l'absolution de ses fautes en lui faisant avaler plusieurs bons Dieux et lui assure le Paradis.

Croyez-vous que cela suffit à un coquin
fieffé dont l'existence n'a été qu'un rouleau
de vices et de forfaitures.

Détrompez-vous ! Son remords est trop
tardif, Sa conscience l'a condamné, en lui
faisant passer devant les yeux toutes les
atrocités de sa vie. Cet homme quitte la vie
accablé par l'écrasement de ses crimes.

Son corps, qui n'est que la matière dont
chaque atome est un germe de l'esprit du
mal, retourne à la Terre, se disloque, se di-
vise et se réduit en poussières que le vent,
l'ouragan ou la tempête éparpillent vers les
quatre points cardinaux de notre globe,
comme mauvais engrais en reprenant une
vie nouvelle dans des plantes venimeuses,
qui serviront de nourriture à des vipères,
des fauves et toutes sortes de bêtes malfai-
santes que l'instinct des mauvais sentiments attirera.

L'essence spirituelle des mauvais sentiments qui avait formé l'âme, en entraînant
dans sa chute la partie de l'Esprit pur,
maintenant qu'elle est séparée du corps,
que va-t-elle devenir ? Va-t-elle s'éparpiller

comme le corps, sous l'impulsion des vents ou
de l'ouragan ? Non ! Cette âme corrompue
ayant conservé à la mort les sentiments bas
et vils qu'elle possédait dans le corps, suit le
même courant avec les mêmes instincts. Elle
vogue dans l'atmosphère, suit les mêmes
sentiers du vice. Elle tourne autour de ces
êtres iniques au milieu desquels elle vivait
pendant qu'elle était dans le corps de l'homme
Et au milieu de ce groupe de pervertis, elle
choisit l'être qui a les mêmes sentiments,
les mêmes passsions et les mêmes vices ; et,
dans une aspiration, elle s'insinue dans le
corps de cet être ; où elle se réveille vivant
de la même vie que lui, tout en se croyant
ce qu'elle était dans le corps du moribond).

La comparaison de cette définition ne
peut être mieux définie qu'en vous mettant
en présence d'un rêve. Vous qui lisez ce
livre, vous n'êtes pas exempts d'avoir fait
quelque rêve, surtout après une grande
fatigue. Le corps s'endort d'un si profond
sommeil, qu'il n'est plus de ce monde. Un
habitant de la ville se trouve dans son
sommeil au milieu d'une campagne, d'un
bois ou d'une rivière. D'autres de la campagne se trouvent en ville chez des étrangers ; ils n'ont plus leur même âge, leur
même physionomie. Ils font des jeux, des
métiers, des promenades, des choses qu'ils

n'avaient jamais fait de leur vie. Comment ces choses-là se passent-elles ?

Pendant un sommeil si profond, l'âme en profite pour s'émanciper et vagabonder. Elle pénètre dans le corps d'un sujet vivant et tout en se croyant elle-même, elle prend les allures, les instincts, et l'âge de celui dans le corps duquel l'âme s'est introduite.

Mais elle se doit par la vie au corps endormi. Et aussitôt que celui-ci fait un mouvement pour se réveiller, l'âme plus prompte que l'électricité, traverse les espaces pour rentrer dars le corps du dormeur.

Tandis que l'être qui est mort, son âme, se promène dans l'espace jusqu'au moment où elle rencontre un être vivant qui lui est sympathique ; elle s'unit à son âme et vit d'une seconde vie dans le corps de ce nouveau sujet.

Prenons un homme honnête, vertueux, faisant le bien à tous ceux qui ont besoin de lui. Cet homme approchant de sa dernière heure, ne craint pas de consulter sa conscience. Celle-ci lui repasse devant le miroir de ses yeux tous les bienfaits qu'il a su prodiguer dans le cours de son existence, les malheureux qu'il a soulagés dans leur misère.

Cet homme plein de satisfaction, après avoir passé une vieillesse heureuse, laisse doucement couler ses jours, et quitte ce monde sans remords et avec la béatitude d'un être bien heureux.

Son corps comme tous les autres est rendu à la Terre, mais les atomes qui le composent sont inspirés de bons sentiments modifiés par l'Esprit pur de son âme, en dominant les esprits ténébreux. Ces atomes divisés et réduits en poussière, emportés par les vents et la tempête vont un peu partout répandre un engrais salutaire qui fera pousser des plantes saines et nutritives. Celles-ci nourriront des êtres inoffensifs, et les atomes du corps de cet homme de bien reviendront revivre chez d'autres sujets, qui seront nourris de la bonne semence.

Mais l'âme de ce bien-heureux que devient-elle à présent que le corps n'y est plus et dont elle est détachée ?

S'il fallait s'en rapporter à la religion catholique. Celle que j'ai professé avec tant de dévotion, depuis ma naissance jusqu'à l'âge où mon intelligence m'a permis de la raisonner.

L'âme de ce bienheureux devrait aller tout droit en Paradis. Mais où le chercher et où le trouver ce Paradis tant prêché, ainsi que l'Enfer dont on a tant effrayé notre enfance.

Nous avons suffisamment fouillé l'Infini,

visité des milliards d'étoiles, parcouru des
centaines de milliards de kilomètres à travers les espaces, et nous n'avons rencontré
partout que des soleils entourés de l'Univers
comme le nôtre. Mais le Paradis et l'Enfer
nous ne les avons rencontrés nulle part.

Donc, il n'y a ni Paradis ni Enfer, et ces
deux séjours éternels plus ou moins enviés
n'ont jamais existé, si ce n'est dans l'imagination de celui qui en a créé la légende.

Mais, alors, me demanderez-vous : Que
sont devenus tous les saints, toutes les saintes
et tous les dévots qui ont passé leur vie en
prière et que, depuis des siècles et des siècles, l'on a envoyé sans cesse dans le
Paradis ?

Tous les saints, toutes les saintes et tous
les élus du bon Dieu qui n'existe pas,
ont, comme tous les autres, abandonné en
mourant leur corps à la Terre. Et leur âme,
séparée du corps, a fait comme celle du
bienheureux que nous avons cité plus haut.
Elles se sont répandues de toutes parts
dans l'atmosphère de la Terre. Elles ont vo-
gué au Hasard, poussées par les vents et
les tempêtes, jusqu'au moment où la bonne
fortune leur aura permis de rencontrer un
être dont l'âme se sympathise à elle, et
ayant les mêmes sentiments et les mêmes
pensées. Et alors, plus prompt qu'une étin-

celle électrique, cette âme s'unit à l'être qu'elle a rencontré et vient s'unir à son âme pour n'en former qu'une, et vivre d'une nouvelle vie dans le corps de l'être qu'elles ont rencontré.

Ou bien, le Hasard leur fait rencontrer un nouveau-né qui, en aspirant la vie réelle, aspire en même temps cette âme errante. Et le nouveau-né vit de la vie de cette âme qui renaît d'une vie nouvelle. Ce renouvellement d'existence n'était point le premier et ne sera pas le dernier.

Un homme qui possède le secret d'une découverte ou d'une invention vient à mourir sans avoir pu exécuter sa découverte. L'âme de cet homme, qui est l'inspiration de sa découverte, crie au Hasard dans l'atmosphère, jusqu'à ce qu'elle ait rencontré un être ayant l'inspiration des inventeurs. Mais il faut qu'elle soit favorisée par le Hasard. A défaut du Hasard, cette âme se livre à l'être qui lui est le plus sympathique.

Cet être inspiré par l'âme du mort unie à la sienne devient lui-même l'inventeur, sans pouvoir se rendre compte pourquoi il a inventé. Et l'âme du mort vit de la vie du vivant, se croyant toujours lui-même, après un long sommeil qui ne l'a réveillé que le jour où il a repris la vie dans le corps d'un nouvel être. Tout comme dans un songe.

Tout cela vous paraîtra bien étrange et vous vous demanderez si c'est la vérité que je viens de vous définir. Car à votre sens il vous semble que vous faites un rêve. Attendu que c'est la première fois que vous entendez développer la vie de l'homme après la mort.

Je ne veux pas vous laisser plus long-temps dans le doute, c'est pourquoi je vais vous en donner une explication qui, je l'espère, approfondira votre croyance, et les ténèbres qui voilent encore vos yeux vont disparaître pour vous permettre de vous faire toucher du doigt la vérité en-tière.

CHAPITRE XXVII

Les sentiments de l'âme.

Avant de nous étendre plus longuement sur l'espérance du bonheur éternel, dont j'espère vous entretenir, jetons un coup d'œil sur les âmes sensibles qui viennent d'être éprouvées dans leurs plus douces affections par la mort de l'être qui vous est le plus cher.

Le malheur vient d'enlever par la mort à ceux qui restent en ce monde, un époux aimé ou une épouse adorée, un enfant chéri, un fiancé ou une fiancée dont les cœurs n'ont pu s'unir; un amant ou une amante s'aimant d'un amour éternel, des amis sincères dont la séparation est une douleur inoubliable.

Consölez-vous tous! vous qui pleurez la mort jusqu'à la fin de vos jours. Vous le voyez partir, et cette séparation vous fait dire : c'est fini! je ne le verrai plus. Et vous vous épanchez dans une douleur qui ne vous quitte plus, qui mine votre existence et vous entraîne dans la tombe.

Ce que vous ignorez et qui devrait vous consoler, c'est que l'époux ou l'épouse, l'enfant, les fiancés, amants ou amis que vous aimiez tendrement pendant qu'ils étaient de ce monde, et que la vie a abandonnés, que le corps est retourné à la Terre et l'âme, restant isolée, cherche un asile sympathique où elle devra revivre d'une vie nouvelle. Où ira-t-elle chercher cet asile, si ce n'est dans le cœur de ceux qui, restés sur la Terre, l'aiment et le pleurent. Ceux dont les sentiments se concordent, ayant les mêmes sympathies, les mêmes pensées, et ayant vécu de la même existence. C'est dans ces cœurs amis, aimés et chéris, que l'âme séparée du corps ira trouver un asile. C'est là l où cette âme vivra unie à ceux qu'elle aimait et qu'elle chérissait avant de quitter son corps.

Vous, qui vous lamentez de l'absent ou de l'absente ; ne désespérez plus. Celui ou celle que vous croyez perdu pour toujours, vous est resté tout entier.

Pendant la vie, lorsque vous étiez ensemble, il vous laissait souvent pour affaire de commerce ou autres. Vous ne l'aviez devant vous, que comme souvenir, et ne le voyez en personne que deux ou trois fois par jour. Maintenant qu'il est mort vous avez son âme toute entière ; elle est unie à la votre d'un lien plus sacré, et plus solide que lorsque vous viviez dans la communauté de la vie réelle. Cette âme pense comme la votre, elle agit comme la votre. Elle est elle-même, et elle est vous-même en même temps.

Avant la mort vous l'aimiez, après la mort vous le possédez. Vous n'avez rien perdu vous avez tout gagné.

Son corps est perdu pour vous c'est vrai. Mais ce n'est pas le corps qui pensait, qui aimait et vous adorait. C'était son âme !

avec qui vous vivez et avec qui vous mourez
si vous ne lui êtes point infidèle. Car cette
âme qui est libre quoiqu'elle vive en vous,
elle reprendrait son vol pour chercher ailleurs une autre sympathie plus égale.

Mais parmi les hommes, il s'en trouve
d'une catégorie toute exceptionnelle qui
vivent au milieu des hommes, et les haïssent
au point de commettre contre-eux toutes
les férocités imaginables pour leur être
nuisibles.

Cette catégorie se rencontre parmi les
fénéants; ces hommes sans morale et sans
mœurs, n'ayant jamais voulu rien faire,
veulent vivre aux dépends des travailleurs.
Ces êtres n'ont aucune société et ne connaissent point d'amis. Le crime leur est insensible, ils ne demandent qu'à recommencer.

L'âme perverse de ces êtres est tellement
vile et basse, que lorsque la mort les sur-
prend, cette âme ne peut s'élever jusqu'à
l'homme. Elle traine sur la Terre jusqu'à
ce qu'elle rencontre un fauve, un monstre
un reptile ou une bête féroce, dans le cœur
duquel elle va se loger.

CHAPITRE XXVIII

Sympathie de l'âme.

J'ai dit que les âmes des mortels erraient après le mort dans l'atmosphère de la Terre. Pourquoi? Parce que cette atmosphère, qui est composée de l'Esprit pur venant du Soleil et de la vie de tous les animalcules célestes, qui, à peine absorbés par l'atmosphère perdent la vie qui se répand de toutes parts, s'unissent avec l'Esprit pur et forment la vie qui entretient le mouvement et la vitalité de la Terre. Et nous qui vivons à la surface de la Terre, nous vivons de la vie de la Terre. Ce qui fait que, lorsque notre vie abandonne le corps, elle retourne dans l'atmosphère à qui elle appartient. Mais cette vie, qui forme notre âme, nous la gardons toute entière, avec les sentiments et les pensées innées que chaque atome possédait dans les espaces de l'Infini. Elle vogue au Hasard jusqu'au jour où elle rencontre une âme sympathique à laquelle elle va s'unir pour y revivre une nouvelle existence.

Tandis que notre corps, qui est nourri et soutenu par la Terre, retourne à la Terre, à qui il appartient.

Voilà où, jusqu'à présent, l'intelligence des hommes les a condamnés. Soumis à des croyances religieuses qui les ont plongés dans des ténèbres tellement obscures et tellement fausses que les hommes n'ont jamais osé les percer pour y voir à travers la Vérité dans une auréole d'éclatante lumière.

Si la croyance dans ces fausses religions, sans en excepter aucune, persiste dans la foi des hommes; cette croyance les condamne à vivre et revivre éternellement sur notre Terre, remplie de misères, de haines, de vices et de crimes.

Rien ne les en sortira. Dieu que l'on a invoqué en vain n'existe pas et n'a jamais existé.

Le Paradis, qui est l'espérance des fanatiques et des croyants, n'a jamais trouvé place dans les espaces de l'Infini que nous avons longuement parcourus.

Et persister à croire à une de ces religions quelconque, qui a soutenu jusqu'à ce jour, la foi et l'espérance de nos pères, c'est faire preuve d'utopie, d'ignorance et d'abrutissement.

Une ère nouvelle se lève. Tout être pos-

sédant le moindre souffle d'intelligence
doit marcher bravement dans cette voie,
qui est la voie de la lumière et de la vérité.

CHAPITRE XXVII (Suite)

La Vie éternelle.

Je comprends que, d'après ce qui vient
de suivre, vous vous demandiez : Si c'est là
l'espérance d'une vie éternelle pour les
hommes dont la probité et l'honneur aura
été le triomphe de leur existence.

L'homme, dont la carrière s'est écoulée
dans une série de bienfaits et de vertus,
mérite certainement une existence heureuse
dans la vie éternelle. Exempte de tous les
soucis, tous les malheurs et toutes les misères de notre vie, qui doit être sans cesse
renouvelée et plus misérable l'une que
l'autre sur notre pauvre Terre.

Vous savez maintenant de quoi est composé notre corps? Il est composé de deux
principes, diamétralement opposés, qui sont
la vie et la matière. La vie, c'est le mouvement; la matière, c'est l'inertie. Le mou-

vement est représenté par l'Esprit pur et l'inertie par les esprits impurs. L'Esprit pur, c'est la lumière; les esprits impurs, ce sont les ténèbres. La lumière, c'est la vérité, le bien et le beau; les ténèbres sont le mensonge, la trahison et tous les vices.

Ces deux principes forment la composition de l'âme, qui est un mélange de tous les atomes spirituels, qui remplissent l'Infini, et dont chacun représente un sentiment, une pensée ou une passion bonne ou mauvaise; mais qui, par la volonté du sujet, peut pencher vers le bien ou vers le mal, dont il peut se débarrasser librement des bons ou mauvais esprits qui gênent les inspirations de son âme.

Nous savons que les âmes ténébreuses, après la mort, appartiennent à la Terre; pour y vivre et revivre des quantités d'existence, jusqu'au jour où elles reconnaîtront qu'il y a, au delà de l'existence terrestre, une vie éternelle réservée aux hommes de bien, et que, pour gagner cette vie éternelle, il faut repousser de son âme les esprits ténébreux, ne plus faire de mal, devenir meilleur et faire le bien.

La récompense méritée par l'homme de bien, cet homme dont l'existence n'a été qu'une série de bienfaits, et dont la route suivie n'a jamais dévié du chemin de l'honneur, est une récompense inconnue jusqu'à ce jour de tous les mortels de la Terre; car aucun vivant n'a pu jouir de ce bonheur éternel, parce que, jusqu'à présent, aucun être de la Terre, ni saints ni saintes, ni diseurs de prières et de chapelets, ni dévôts, ni bigots ou bigottes, n'ont trouvé le chemin qui conduit directement au Paradis Eternel.

Il avait suffi à un homme de créer une légende imaginaire, faisant croire que dans le Ciel il existait un Paradis pour les élus, et un Enfer pour les damnés; pour que des millions et des millions d'hommes y ajoutassent foi, et fondent des religions qui ont entraîné des milliers de fanatiques, pour aller prêcher en pays étranger la croyance d'un Dieu qui n'existe pas, et qui n'a jamais existé; et se faire massacrer ou martyriser pour soutenir une croyance qui aujourd'hui ne tient plus debout, et que l'intelligence actuellement développée des hommes repousse de toutes ses forces.

Qu'ont-ils gagné, ces martyrologes de la chrétienté et de la foi divine, espérant trouver au bout de leurs souffrances, le Paradis céleste qu'ils avaient tant rêvé ? Rien! absolument rien, que de voir leur âme, errer dans l'atmosphère de la Terre; jusqu'à ce que le Hasard leur fasse ren-

contrer une âme égale à la leur, pour
poursuivre dans une vie nouvelle, le fanatisme qui les fait écharpiller dans l'existence précédente, sans qu'ils soient défen-
dus par leur Dieu.

Mais l'espoir d'une vie éternelle sans
nuages, sans soucis des misères de la Terre.
Où le bonheur d'une éternité sans fins;
rempli de domination dans un royaume
céleste. Commandant aux éléments de tout
un Univers, où tout vous obéit et devant
qui tout s'incline. Voilà! le rêve de cette
vie heureuse que je fais entrevoir après la
mort qui doit durer l'Eternité, et que vous
pouvez mériter, par une vie d'honneur, de
vertu, de sagesse et de bonté.

Quel est le criminel endurci qui ne chan-
gera pas son existence de coquin pour devenir meilleur, afin de conquérir ce royaume
céleste que je vais vous faire connaître, que
vous auriez dû déjà deviner et que, jusqu'à-
présent, les hommes de la Terre sont restés
aveugles devant cette vérité qui les éblouit,
pour aller chercher au loin, bien loin, très
loin, dans le fond des ténèbres, un Paradis
qui n'a jamais existé.

Ce Paradis tant désiré, mais qu'aucun
être de ce Monde n'a encore pu franchir la
distance qui nous en sépare, c'est le Soleil!
cet astre de lumière; cet Esprit pur qui

donne la vie à tout ce qu'il touche ; et que, sans Lui, la vie n'existerait pour personne, ni pour aucun être de l'Univers. Tout serait dans les ténèbres, et tout s'engloutirait et disparaîtrait en atomes impalpables et invisibles dans les espaces de l'Infini, sans laisser de nous aucune trace.

C'est le soleil qui est né dans l'Éternité d'un simple atome d'Esprit pur ; qui a créé l'Univers, les planètes, les terres, les plantes, les animaux et les hommes.

Voilà un Paradis qui n'est pas à dédaigner. Sachez qu'il est un million quatre cents mille fois plus gros que la Terre. Et si vous voulez le comparer, supposez que la Terre est représentée par une tête d'épingle ordinaire, et le Soleil, par une orange de belle grosseur. Vous voyez qu'il y a de la place dans ce Paradis pour y recevoir tous les habitants de la Terre ; surtout, qu'avant d'y être reçus, il faudra que l'âme soit dépouillée de son corps, qui appartient à la Terre.

Vous allez vous demander comment il est possible que l'âme de notre corps puisse arriver jusqu'au Soleil ?

Par sa purification, et c'est nous-mêmes qui sommes chargés de cette besogne, qui n'est point aussi difficile qu'on le pense.

Il suffit d'être honnête ! Mais pas honnête

en dissimulant, sous des apparences d'honnêteté, une âme de coquin. Vous trompez alors votre semblable, mais vous ne trompez jamais votre conscience. Elle est là avec vous, observant tous vos mouvements et les actes de votre vie. Et si au dernier moment de votre existence vous aviez l'audace de vous écrier : je suis assez honnête pour braver le Soleil et le Paradis éternel. Votre conscience qui représente le ministre de la justice humaine dans le gouvernement de votre corps, vous ferait passer devant les yeux les passions odieuses, les vices et les crimes que vous voulez escamoter aux yeux trop crédules des hommes, mais qui ne sont jamais oubliés par la conscience et qui vous crierait : halte-là ! tu n'es pas digne du Paradis éternel. Tu dois rester sur la Terre à qui tu appartiens par tes fautes. Revis d'une nouvelle vie misérable, jusqu'au jour où ton âme touchée d'un repentir sincère fera pencher la balance de ton âme dont je tiens le levier du côté du bien. Alors tu pourras lever les yeux vers le Soleil. Le Dieu de notre Univers, celui qui reçoit l'Esprit pur et que nous appelons Dieu-Sol. Et avant de rendre le dernier soupir, tu l'invoqueras et tu lui diras Dieu-Sol, je me suis repenti. Ma vie a été honnête, j'ai fait le bien, j'ai suivi le chemin de l'honneur.

Mon âme est remplie de l'Esprit pur, ouvre-moi ton cœur, je viens à toi pour vivre avec toi du bonheur éternel.

Et Dieu-sol qui ne veut recevoir dans son cœur que l'Esprit pur vous ouvrira les portes du Paradis éternel : où votre âme s'unira à la sienne, et renverra vers la Terre les bonnes inspirations et les bienfaits que vous lui aurez apportés.

Cette définition, qui sera certainement comprise des lecteurs dont l'intelligence est suffisamment développée, pour avoir saisi au passage le fond de ma pensée, mérite pour d'autres qui se demandent encore la raison pourquoi l'âme des hommes s'envole vers le soleil plutôt que dans une autre partie de l'Univers, ou bien de l'Infini.

Notre âme est un composé d'Esprit pur, qui est l'esprit du bien, qui nous donne la vie, et qui nous vient de la lumière et de la chaleur solaire. Cette partie d'Esprit pur appartient de droit au Soleil.

Et notre corps, qui est composé avec les esprits impurs qui sont enfermés dans les atomes de la matière de la Terre, et que c'est elle qui nourrit notre corps, et que notre corps vit de la vie de la Terre par son atmosphère impure. Parce que la vie de la Terre est formée de la vie des animalcules et des monstres célestes que l'atmosphère attire vers la Terre ; notre corps appartient de droit à la Terre par son impureté.

Il résulte que si notre âme, qui possède une partie de l'Esprit pur qui nous vient du Soleil, se trouve corrompue et entraînée par les esprits impurs de la matière au moment de la mort ; l'âme toute entière appartient à la Terre qui la fait errer dans son atmosphère, jusqu'à ce que l'Esprit pur, corrompu, qui est toujours la vie, retrouve un autre corps pour revivre en lui.

Mais si à la mort l'âme est entraînée par l'Esprit pur qui est l'esprit du bien, la Terre, ni sont atmosphère n'ont plus aucun droit sur cette âme épurée, qui prend librement son vol et s'échappe à l'atmosphère terrestre, pour apporter à Dieu-Sol cette étincelle d'Esprit pur qu'elle a su conserver sur la Terre exempte de toute impureté, et dont elle s'en est servie pour faire le bien, vivre dans le sentier de l'honneur, de la sagesse et de la vertu.

Elle demande à rentrer dans le Paradis éternel ; s'unir à Dieu-Sol, pour pouvoir envoyer sur la Terre, dans un rayon de de lumière, les inspirations de sagesse et de vertu qui lui ont fait gagner le Paradis éternel.

Voilà ! le chemin à suivre pour vivre heureux du bonheur éternel, le jour que la mort vient vous surprendre. Plus de soucis, plus d'ennuis, plus de travaux et plus de misères. L'âme s'est dépouillée de la matière. Elle n'a gardé que l'Esprit pur qui lui permet de rentrer dans le royaume éternel : De s'unir à Dieu-Sol, vivre de sa vie. Commander aux éléments, aux astres de l'Univers, et leur envoyer, dans un rayon de lumière, ses inspirations pour qu'elles profitent aux hommes et les rendent meilleurs ; ce qui grossira dans le Paradis éternel le nombre des élus.

La route à suivre est bien facile. Il suffit de vouloir, car il est plus facile de rester honnête que de devenir coquin. L'honnête homme marche droit, la tête haute. Le coquin cherche les détours et les ténèbres, toujours la tête basse.

Voulez-vous être honnête ? Avant d'agir, consultez votre conscience et, ensuite, levez les yeux vers l'astre des lumières ; vous marcherez droit et vous ne chercherez point les chemins détournés.

Nul n'est besoin, pour être honnête, d'aller s'incliner devant son semblable pour lui confesser ses fautes. Vous ignorez si cet homme, à qui vous confiez les secrets de votre âme, n'a point la sienne plus chargée que la vôtre.

D'abord, personne sur cette Terre n'a au-

cune mission divine pour recueillir le secret de votre âme. Dieu n'a pu accorder ce
pouvoir, puisqu'il n'existe pas. Et l'homme,
quoique muni d'un sacerdoce, n'a point le
droit de s'arroger un tel pouvoir. Il est
mortel, comme tous les hommes, et possède
de même toutes les faiblesses de l'humanité : son absolution est nulle.

Chaque mortel doit consulter sa conscience, qui est la balance de la justice humaine, en général, et de notre âme en par-
ticulier ; c'est elle qui saura nous absoudre,
si nous sommes sincères vers le repentir :
mais qui, de même' saura nous rappeler
notre parjure si nous manquons à notre
serment.

Combien y en a-t-il qui après réflexion
se disent : Je m'en moque ! et qui en dépit
de tout raisonnement sage et réfléchi, se
lancent les yeux fermés dans le chemin du
mal. Ils ignorent ces malheureux qu'ils ont
une conscience qui ne les perd pas de vue.
Qui les suit pas à pas, et qui attend le
moment propice pour ouvrir devant leurs
yeux les pages de leur histoire, et les livrer
tardivement aux remords de leur honteuse
conduite.

C'est à ce moment que la vie les abandonne. Et l'âme de ces malheureux va
chercher une nouvelle existence, une vie

plus misérable que celle qu'ils viennent de quitter.

Mais l'homme qui a quelques bons sentiments et qui désire entreprendre une action quelconque, s'il se sent embarrassé sur la route à suivre, il n'a qu'à consulter sa conscience et ensuite lever les yeux vers Dieu-Sol qui n'est pas un mythe, puisque nous pouvons le voir tous les jours, et que nous pouvons consulter sans peur. Lorsque nous verrons cet astre de lumières dans tout son rayonnement et toute sa magnificence, et que nous dirons : C'est là ! le royaume des cieux. C'est là ! le Paradis éternel; que nous ne connaissions pas encore; mais, que l'on nous fait entrevoir, et maintenant que nous connaissons le chemin pour arriver nous voulons y aller. Et pour y arriver nous voulons suivre sur cette Terre le seul chemin qui conduit à l'honneur; en nous laissant guider par ces deux symboles qui sont la sagesse et la vertu.

CHAPITRE XXXI

La mère des hommes.

Maintenant procédons. L'Esprit pur qui forma le Soleil commença pour la première fois à donner la vie aux premières matières qui étaient les esprits impurs. Ceux-ci donnèrent naissance aux demi-esprits, qui en naissant reçurent directement la vie de l'Esprit pur, qui est le Soleil. Les demi-esprits donnèrent naissance aux animalcules célestes qui reçurent la vie du Soleil. Ces animalcules donnèrent naissance aux monstres célestes et ces monstres donnèrent à leur tour naissance aux planètes et aux Terres, qui toutes naquirent indépendantes et reçurent directement la vie du Soleil, qui est l'Esprit pur. Elles vécurent dans le royaume de l'Univers, dont le Soleil est le Dieu, le Roi et l'Epoux.

Il est le Dieu, parce qu'il donne la vie à tout ce qui fait partie de son Univers. Il est le Roi parce que lui seul gouverne et commande dans son royaume universel. Il est

11

l'Epoux de toutes les Terres et planètes qui sont susceptibles de recevoir l'union du Créateur. Et nous qui sommes favorisés d'être sur une planète qui est l'épouse du Soleil, nous sommes les fils du Soleil et de la Terre.

En conséquence le Soleil est notre père et la Terre est notre mère. Le Soleil donne la vie à la Terre et la Terre nous nourrit de son corps et nous entretient de sa vie par son atmosphère, qui est sa propre vie. En conséquence nous appartenons à la Terre qui est notre mère à tous, et sous la tutelle de laquelle nous vivons et dont il nous est impossible de nous détacher.

Donc, si nous cherchons un appel à nos misères, n'invoquons jamais un Dieu qui n'a jamais existé. Avez-vous souvenance qu'une seule fois sur cent, ce Dieu que vous avez invoqué ait répondu à votre appel ! Si vous me dites : Oui ! Moi, je vous répondrai : Non ! Il est impossible qu'un être qui n'existe pas, réponde à l'appel d'un suppliant. Si vous avez réussi dans vos exhortations, c'est tout simplement que cela devait être, ou que le Hasard l'a voulu.

(Si vous avez une supplique à faire, ce n'est seulement pas au Soleil notre Père, notre Roi et notre Dieu à qui nous devons nous adresser).

Le Soleil s'occupe dans son royaume de diriger les astres pour qu'ils purgent son Univers des monstruosités qui le gênent et d'entretenir ses Terres et ses Planètes de la vie et de la nourriture dont elles ont besoin pour nourrir et faire vivre leurs enfants.

Alors vous vous dites : Que sommes-nous sur la Terre ?

Ce que vous êtes ? ne l'avez-vous pas encore deviné ? Vous êtes des parasites, des simples vers de terre. En voulez-vous la preuve ? Essayez de vous enlever de votre propre volonté, je vous le défends ! Vous voyez bien que vous êtes attachés à la Terre par les pieds, et que cette Terre, dont vous avez fait si peu de cas jusqu'à ce jour, il faut que vous la reconnaissiez comme votre mère et votre protectrice dans la vie.

Si notre âme se dégage de la Terre pour voyager dans les espaces de l'Infini et voir tout ce qui s'y passe et tout ce qui s'y est passé depuis le commencement des commencements, c'est parce que, en respirant l'atmosphère de la Terre, qui nous a donné la vie, nous avons aspiré une étincelle de l'Esprit pur qui appartient au Soleil. Et comme le Soleil est né de l'Éternité et qu'il a des attaches avec le lieu de sa naissance ; nous qui possédons par la Vie une étincelle de l'Esprit pur, nous avons le droit de visiter et connaître le lieu où notre père est né. Voilà pourquoi j'ai cherché la vérité et voilà pourquoi je l'ai trouvée et je vous la dis !

Je crois par conséquent qu'il est inutile de revenir sur l'Infini que nous connaissons suffisamment, et d'y chercher un Dieu ou un fétiche quelconque pour nous venir en aide, puisqu'il n'y existe rien, rien, absolument rien.

Nous avons à présent le Soleil qui est notre Dieu et notre Roi dans son Univers. Non pas par le droit divin, mais par le fait du Hasard, qui voulut que ce fut cet atome qui devint Soleil plutôt qu'un autre.

Nous avons des exemples sous les yeux qui nous le prouvent suffisamment. Pourquoi Carnot, Félix Faure et d'autres furent-ils nommés présidents de la République plutôt que d'autres? Si ce n'est le Hasard qui le voulut

Eh bien, ces hommes du Hasard que la veille vous regardiez comme vos semblables; le lendemain, par le fait du Hasard, possédaient toutes les dignités et toutes les grandeurs. Vous n'avez plus le droit de leur parler, de les approcher, ou de réclamer d'eux une faveur quelconque. Vous êtes de trop petites gens, pour qu'ils descendent de leur sommet, pour vous répondre. Ils ont d'autres occupations plus sérieuses que de s'occuper de vous. Mais lorsqu'ils passent il faut vous incliner. Ce sont les grands de la Terre.

Donc, nous avons un Soleil né du Hasard. Ce Soleil est devenu notre Dieu. A ce titre nous devons l'adorer. Et lorsque nous voulons bien faire, nous n'avons qu'à lever les yeux vers lui, et dans une supplique mentale nous lui demandons si nous faisons bien.

Il nous inspirera vers le bien, parce que dans notre âme nous possédons une étincelle de l'Esprit pur, qui nous autorise à communiquer spirituellement avec lui.

Il est aussi le Roi de notre Univers. A ce titre, nous sommes ses sujets et nous devons le saluer comme monarque céleste, chanter ses louanges. Et le jour de l'année où son trône resplendissant de lumière s'est élevé jusqu'aux plus hautes cimes célestes, ce jour-là nous devons le célébrer par une grande fête mondiale et, la nuit, par des grands feux de joie et illuminations générales.

De plus, il est notre Père à tous, parce que, sans Lui, nous ne serions pas de ce Monde. C'est Lui qui nous a donné la vie en faisant pénétrer dans notre âme une étincelle de son Esprit pur, le jour que nous sommes venus au Monde.

Et, de plus, il a envoyé à la Terre, notre mère, la chaleur vitale qui fait pousser les substances qui nous font vivre et qui entretiennent la vie qu'il nous a donnée.

Voilà les attentions d'un père qui n'oublie pas ses enfants, et dont les enfants doivent être reconnaissants de tous ses bienfaits. Aussi, si nous avons des vœux à adresser au Ciel, c'est à Lui qu'il faut les adresser. Parce que Lui seul est maître absolu dans notre Univers. Et, en dehors de notre Univers, c'est pour nous le Néant de l'Infini.

Mais tout ne s'arrête point là? Nous sommes des terriens. Nous habitons la Terre avec laquelle nous sommes sans cesse en contact. Et nous vivons de la Terre, qui nous donne tous les jours notre pain quotidien.

De plus, nous vivons par l'âme de la vie de la Terre, que nous respirons sans cesse dans son atmosphère, qui est composée de l'Esprit pur qui lui vient directement du Soleil et de la vie des animalcules célestes.

Ce qui prouve que notre âme ne recevant pas directement l'Esprit pur du Soleil, nous ne lui appartenons pas directement; mais nous lui appartenons par l'intermédiaire de la Terre, qui nous fait vivre de son supplément de vie.

En conséquence, nous appartenons à la Terre, parce que nous vivons de la vie de la Terre. Si nous pensons, nos pensées deviennent les pensées de la Terre. Si nous parlons, nos paroles s'exhalent comme un écho dans la vie de la Terre. Si nous exprimons verbalement une pensée de bien ou une pensée de mal ; cette expression se répand dans la vie de la Terre, que chacun aspire dans le fond de son âme comme un souffle de bien-être ou de malaise général. Une pensée, jetée au Hasard, se répand comme une goutte de vin jeté dans un verre d'eau.

Si un homme dit : Nous allons avoir la guerre ? C'est une goutte de vin dans un verre d'eau. Mais ce cri a été entendu par un second qui le répète ; cela fait deux gouttes de vin ; puis un troisième, un quatrième, puis dix, cent, mille ; enfin, il y a tant de gouttes de vin tombées dans l'eau, qu'elle devient aussi rouge que le sang que la guerre peut faire couler.

Ceci est pour vous dire qu'aucune pensée, aucune parole, aucune action n'est perdue dans l'atmosphère, dans le sein de laquelle nous vivons. Et lorsqu'un événement doit bouleverser la situation sociale des hommes,

l'écho s'en est répandu dans toute la vie atmosphérique la Terre, qui en frémit elle-même
de voir ses enfants s'entre-déchirer entre
eux. Partout des symptômes se produisent ;
l'on est saisi d'un frisson dont on se rend
pas compte. Les nuages, si vous les obser-
vez, n'ont plus les mêmes teintes. A un
moment donné, ils prennent une couleur
de sang. L'on sent que quelque chose qui
vous met mal à l'aise et vous donne la chair
de poule.

C'est dans ces moments d'angoisse que
l'on reconnaît bien que la Terre n'est pas
insensible aux malheurs qui nous acca-
blent. Mais elle ne peut rien faire. Pourquoi ?

Parce que, jusqu'à ce jour, l'inconscience
intellectuelle des hommes ne leur a pas
permis de se reconnaître comme frères, par
la Terre qui est leur mère qui leur donne
tous les jours leur pain quotidien. Qui les a
fait naître, et qui leur donne la vie. Ils se
sont regardés jusqu'à présent comme des
ennemis de race et de condition.

Et au lieu d'invoquer la Terre qui les
nourrit, ils ont fait appel à un mythe, à un
Dieu qui n'existe pas. C'est pourquoi la
Terre n'a eu qu'à frémir du malheur des
hommes sans leur porter secours.

Ce qui fait que les hommes au lieu d'être

guidés par la sagesse et la raison, se sont laissés jusqu'à présent entraîner par la jalousie, la haine et la cupidité, qui les ont fait s'entretuer les uns les autres comme des bêtes féroces.

N'allons donc point chercher dans l'inconnu un appui que nous ne trouverons jamais ; puisque nous avons auprès de nous une mère qui nous a donné la vie, qui nous nourrit de son corps et qui entretient notre vie de sa propre vie.

Si jusqu'à ce jour nous l'avons méconnue, c'est que l'heure n'avait pas encore sonné pour que l'intelligence humaine soit suffisamment développée pour apprécier une vérité bien dite.

Aujourd'hui le voile se déchire, les ténèbres s'éclaircissent et la vérité apparaît au grand jour de la lumière de l'astre divin qui est notre Dieu, et notre tout puissant Roi dans notre Univers.

Donc, réfléchissons bien que nous sommes les fils de la Terre, sur laquelle nous vivons. Et les fils du Soleil, que nous pouvons voir tous les jours dans tout son rayonnement et toute sa gloire. Et qu'en dehors du royaume de notre père, qui est notre Univers, il n'y a pour nous rien, rien, absolument rien qui puisse nous intéresser ; si ce n'est les étoiles qui sont des Univers

comme le nôtre, et qui n'ont aucune raison
pour s'occuper de nous. Et nous, notre Univers qui est notre maison de famille, est
suffisamment grand pour notre petite intelligence. Tâchons de bien nous y conduire
si nous voulons y être heureux.

Jusqu'à ce jour nous avons envoyé en
vain, à un Dieu que nous ne connaissons
pas et qui n'a jamais existé, des prières et
des suppliques qui n'ont jamais été exau-
cées et qui ne pouvaient point l'être. Mais
aujourd'hui que nous nous connaissons,
que nous savons ce que nous valons;
maintenant que nous savons que le Dieu
imaginé et adoré par nos pères n'a jamais
existé, et que nos pensées d'invocations ne
peuvent sortir de notre Univers sans devenir nulles. Notre devoir à tous, c'est de
tourner nos regards et nos espérances vers
le Soleil, que nous appellerons Dieu-Sol
parce qu'il est notre Dieu et notre père en
même temps. Et que si nous arrivons par
notre sagesse, nos vertus et notre honneur
à purifier notre âme, pour qu'au moment
de la mort, notre conscience, qui doit être
notre seul et unique confesseur, n'ait aucun remords à lui reprocher. Dieu-Sol,
notre père, la retirera de la tutelle de la
Terre, notre mère, pour la recevoir dans
son sein et l'unir à la sienne pour y vivre

du bonheur éternel jusqu'à la fin des siècles, qui ne finiront jamais. Voilà pour les
bienheureux qui, sur cette Terre, ont travaillé, par leur vie de bienfaits, à gagner
le Paradis éternel.

CHAPITRE XXXII

Conclusion.

Le Paradis nouveau, c'est le cœur de
Dieu-Sol, qui ne recevra dans son sein que
l'étincelle de notre vie, qui est une étincelle de l'Esprit pur. Elle ne tiendra pas
grande place dans le sein de Dieu-Sol. Et,
cependant, cette petite place, c'est tout le
complément de notre vie, c'est notre intelligence, notre foi, notre travail, notre honneur et nos vertus.

C'est tout ce que nous possédons dans
notre corps; c'est notre âme toute entière
qui s'envolera vers les régions célestes
pour y vivre éternellement dans la paix et
le bonheur, apportant au cœur de Dieu-Sol
les inspirations de notre vie sur la Terre, et

ces inspirations, unies aux inspirations divines, seront renvoyées sur la Terre dans des rayons de lumière pour bonifier la nature humaine, la rendre meilleure et inspirer les hommes vers le bien pour qu'ils deviennent meilleurs, pour qu'ils s'aiment entr'eux, se protègent et vivent dans un sentiment de fraternité qui les unira dans un même lien de concorde et formera sur la Terre une seule et même famille.

Heureux sera celui qui, le premier, nous ouvrira les portes du Paradis éternel.

Pour atteindre ce but, une chose est à créer : c'est de réunir en une seule toutes les religions connues et créer la Religion universelle.

Le jour que ce but sera atteint, l'union de tous les peuples de la Terre ne sera pas longue à se produire. Alors, d'un bout du monde à l'autre, on se tendra fraternellement la main. Et le puissant de ce monde, qui oserait lever le glaive pour provoquer la guerre, trouverait contre lui, les armes à la main, tous les peuples de la terre.

L'heure de cet éden rêvé n'a pas encore sonné. Il faut que les peuples et les grands seigneurs s'y préparent. Il faut que la raison intellectuelle pénètre dans le cerveau des hommes. Il faut pour cela qu'un siècle s'écoule. Et, comme je l'ai dit au commencement de mon ouvrage : L'an deux mille ouvrira les bras à cet éden tant rêvé.

Les Temples ouvriront les portes à la Religion universelle. L'on croira en Dieu-Sol. Les hommes se salueront tous au nom de Dio-Sol : Ils s'aimeront comme des frères. La concorde régnera parmi tous les peuples de la Terre, et ils fraterniseront ensemble. Et la paix du monde sera assurée pour le bonheur de l'humanité.

Le vœu que nous formons aujourd'hui étant une inspiration de la Nature pour arriver à son perfectionnement ; suivra le cours de tous les vœux qui ont été faits. Il s'accomplira à la deuxième génération. Heureux ceux qui vivront alors.

En attendant, la semence est jetée, il faut attendre qu'elle germe.

Louis PANAFIEU

4, rue Bochart-de-Saron, à Paris.

HYPOTHÈSES ET VÉRITÉS

La Lune.

Nous ne pouvons pas terminer ce livre sans jeter un coup d'œil sur certains phénomènes qui se produisent dans la Nature, frappent nos yeux et sont continuellement des sujets d'études, d'observations et d'hypothèses.

Nous allons commencer par la Lune, et nous demander d'où vient ce satellite de la Terre? ce qu'il est. Est-il sous la domination de notre globe? Pourquoi ne tourne-t-il pas sur lui-même comme les autres planètes?

La question est aussi délicate que de savoir : Quelle est cette jeune voisine qui habite avec une plus âgée. Ne se quittant jamais, soit à la maison, à la promenade, au théâtre, ou en tout autre endroit. Est-ce sa fille, ou sa nièce, ou une fille adoptive?

Nous ne sommes pas dans la Lune, mais ses propres voisins. Et cependant tout voisins que nous soyons, nul n'a été capable de trancher cette question, parmi tout le voisinage de nos deux voisines.

A plus forte raison celle de la Lune, qui est bien plus éloignée de nous que nos deux voisines.

La question de la Lune intéresse au plus haut degré notre astronomie; c'est pourquoi je vais essayer d'exposer mes suppositions sans les mettre sous le couvert d'aucune garantie, quoique ma conviction soit formulée d'avance.

La Lune, comme la Terre, ayant été choisie au Hasard par la chaleur des rayons solaires pour détruire les monstres de l'Univers, se trouva rester un avorton qui, n'ayant pas la force de détruire les monstres célestes, fut assaillie par eux et n'eut d'autres ressources que de se réfugier dans l'atmosphère de la Terre, dont elle en fit le satellite.

Mais comme la Terre n'avait pas, comme le Soleil, la force attractive et la force répulsive de ses rayons, elle ne put donner à la Lune le mouvement de rotation que le Soleil imprime aux autres planètes. C'est pourquoi la Lune tourne autour de la Terre sans tourner sur elle-même.

Donc, à mon point de vue, la Lune serait une fille adoptive de la Terre, et celle-ci lui procurerait sa nourriture. Ce qui fait qu'elle n'a pas d'atmosphère. Et n'ayant pas d'atmosphère, il est supposable qu'elle n'est pas habitable.

Ici, nous nous trouvons en présence d'une hypothèse. La Lune, présentant toujours sa même face à la Terre, peut, par cette disposition, avoir cette partie de son atmosphère, absorbée par l'attraction terrestre qui en retour lui renvoie la nourriture dont elle a besoin. Mais le côté de la Lune opposé à la Terre ne recevant pas de nourriture, il est supposable que ce côté doit posséder une atmosphère et qu'il doit assurément être habité.

Quant au côté qui nous fait face, quoiqu'il n'ait pas d'atmosphère que nous connaissions, il serait de même possible que, à cause de la nourriture qu'il reçoit de la Terre, il soit de même habité.

Pour nous prononcer sûrement, nous attendrons que MM. les astronomes aient trouvé des lunettes suffisamment puissantes pour nous permettre de voir les habitants faire leur promenade journalière, pendant que nous songerons à aller prendre un repos bien gagné.

Une autre supposition. Si la Terre s'est accaparée de la Lune c'est qu'elle avait un but. A mon point de vue le seul et unique but était de s'en servir comme sentinelle de nuit, pour éclairer les habitants de la Terre. En ce cas le but n'a été rempli qu'à demi ; puisque la Lune ne nous éclaire que quinze jours sur trente.

L'on pourrait supposer que la Terre est encore trop jeune pour entretenir deux Lunes. Où bien elle attend l'occasion d'en surprendre une seconde dans son parcours qui viendra combler nos vœux en nous éclairant la deuxième quinzaine du mois.

Si nous voulons avoir cette deuxième Lune ; nous n'avons qu'à la désirer. Et à la deuxième génération qui suivra la notre ; les habitants de la Terre auront la satisfaction de voir nos vœux accomplis. Parce que notre désir est un perfectionnement de la Nature dont nous ne profiterons pas nous-mêmes ; mais, nous aurons la satisfaction de savoir que nos futurs descendants seront favorisés de deux Lunes, qui à tour de rôle protègeront les braves gens contre nos apaches modernes.

Vérité !

Pendant que nous sommes sur la question de la Lune, il faut que je vous explique une erreur commise par messieurs les astronomes, le 30 août 1905, au moment de l'éclipse totale de Soleil.

J'ai vu des quantités de reproductions photographiques de l'éclipse totale : chaque reproduction présentait une couronne rayonnante autour de l'éclipse ; mais aucune ne ressemblait à l'autre. Pourquoi ? L'on ne nous l'a jamais dit.

L'on pouvait donc supposer qu'à ce moment le Soleil faisait guignol derrière la Lune. Mais, moi, je peux vous assurer que le Soleil a des rayonnements réguliers sur toutes ses faces et qui ne varient jamais.

Puisque l'astronomie n'a pu vous expliquer ce phénomène des rayons perpendiculaires et variés sur la circonférence du Soleil, je vais essayer de vous tirer d'embarras et vous faire toucher du doigt la vérité si vous avez la compréhension facile.

Pendant les deux ou trois minutes qu'a duré la totalité de l'éclipse, le Soleil n'a fait aucun mouvement, ni la Terre non plus ; mais la Lune marchait. Le Soleil éclairait toute la demi-Lune opposée à la Terre.

Si la Lune avait représenté un disque plat, nul n'aurait photographié le moindre petit rayon formant couronne autour du Soleil. Mais la Lune est ronde comme une boule, et les rayons solaires, frappent de toutes parts sur le demi-globe qui faisait face au soleil, glissaient sur les bords de ce demi-globe, et produisaient un prisme qui renvoyait des rayons formant couronne autour de la Lune.

Donc ces rayons perpendiculaires sur la circonférence de l'éclipse n'étaient point produits par le Soleil, mais bien par réflexion sur la surface arrondie de la Lune, par l'effet de son obliquité et des tangentes rayonnantes.

Et comme nous savons que la Lune possède des coteaux et des montagnes, la réflexion du Soleil sur la Lune, passant à travers ces aspérités, produisaient des rayons irréguliers.

Si la Lune s'était arrêtée pendant les quelques minutes que se produisait l'éclipse, à un point quelconque sur la surface de la Terre, tous les photographes auraient été d'accord à reproduire le même phénomène. Mais la Lune marchait, ce qui fait que chaque demi-seconde, les rayons se déformaient ou en formaient d'autres? Et comme les photographes étaient dispersés, et qu'ils n'ont point photographié l'éclipse, non pas à la même minute, mais à la demi-seconde, voilà pourquoi tous ces rayons, provenant de la réflexion lunaire, sont différents.

Il a été démontré en photographie colo-

riée, un coin de l'éclypse, ou l'on voyait sur
ta circonférence du Soleil des aspérités
montagneuses toutes en fusion. C'est une
illusion. Le Soleil n'a pas d'aspérités. Elles
appartiennent toutes aux montagnes de la
Lune, qui à ce moment on pouvait les voir
comme embrasées par la réflexion du rayonnement solaire.

En 1841 ou 1842, j'avais 12 ou 13 ans,
j'étais à Montpellier, lorsqu'il s'y produisit
une éclypse totale de Soleil. Au moment où
le dernier rayon solaire allait disparaître ;
un phénomène se produisit sur le sol. L'on
aurait cru que tous les chevaliers de l'apo-
chalypse passaient comme des fantômes,
en dessinant leurs ombres sur la Terre. Le
même effet se produisit au retour de la
lumière. Cela provenait de la marche de la
Lune et les ombres étaient produites par les
aspérités sur la circonférence de la Lune ;
qui sont ses montagnes. Si vous doutez
encore ; regardez un bec de gaz allumé, ou
autre, cette lumière ne produira aucun
rayon. Fermez doucement les yeux ; et les
rayons apparaîtront, comme s'ils étaient
produits par le bec de gaz.

Voilà le phénomène qui s'est produit sur
l'éclypse du Soleil.

AUTRE HYPOTHÈSE

Tout le monde ou à peu près connaît la voie Lactée, que dans certains pays on appelle le chemin de Saint-Jacques.

J'ai assisté à une conférence sur ce phénomène du Ciel où les hypothèses de ce nuage blanchâtre formant une route céleste, reposaient sur des cumuls de Nébuleuses.

Plusieurs analogies peuvent rapprocher les suppositions entre le Ciel et la Terre. Ainsi, par exemple, nous avons sur la Terre certains pèlerinages comme le voyage à la Mecque, les pèlerinages à Lourdes, à la Salette, et beaucoup d'autres. Pour y arriver il y a certaines routes, certains chemins presque tracés pour y arriver. L'on y rencontre des quantités de pèlerins et de caravanes dont le nombre est indéfinissable. Moi j'appelle ces routes : Le chemin de Saint-Jacques ou la voie Lactée de la Terre. Il y a des haltes où l'on festoye, l'on y vend, l'on y danse. Ce sont les nébuleuses de la Terre.

Mais une autre hypothèse qui me paraît

à moi rapprocher le plus de la réalité, c'est que les Soleils ne meurent pas! Leur vie est composée de l'Esprit pur. Le jour où ils se trouvent fatigués d'une longue carrière, et d'une direction divine qui a duré des centaines de millions de siècles, ils cèdent leur pouvoir et la direction de leur Univers avec toutes leurs planètes à d'autres Soleils solitaires qui prennent la direction de ces Univers. Tout comme un boutiquier qui cède son fonds.

Alors, ces Soleils débarrassés de leurs Univers, n'ayant plus de mondes, plus de planètes, plus d'animalcules célestes à nourrir, n'ont plus besoin de se nourrir eux-mêmes. Ils vont se reposer à la campagne comme de bons bourgeois. Cette campagne, c'est la Voie Lactée. Et les groupements qui forment des nébuleuses, ce sont des assemblées où se groupent les Soleils à cheveux blancs pour tenir conseil.

Comme les Soleils, d'après leur constitution qui est composée de l'Esprit pur, ne meurent jamais; après un repos qui peut durer des milliers et des millions d'années, ils ont le loisir de recommencer une Vie nouvelle, ou bien s'unir plusieurs Soleils ensemble pour n'en former qu'un, et créer un nouvel Univers au milieu des espaces de l'Infini. Voilà encore des nébuleuses.

Comme dernière hypothèse, nous allons la faire sur les comètes. A mon point de vue, ce sont des Soleils célibataires, à la recherche d'une position sociale. Ils n'ont aucune planète, et dans leur vitesse, ils traînent derrière eux leur atmosphère rayonnante. Ils cherchent de même une succession solaire.

Ce peuvent être des chemineaux, des commis-voyageurs, des explorateurs ou des envoyés plénipotentiaires.

D'où viennent-ils? Où vont-ils? C'est ce que nous ne saurons jamais. Voilà les hypothèses ayant une forme vitale.

Restons sur ces problèmes. Nous sommes bien petits et nous serions trop gourmands, si nous voulions en savoir davantage.

NOTA

J'ai écrit un premier livre intitulé : *Dieu n'existe pas!* Il fut le prélude et le symbole de la Foi nouvelle.

Quoiqu'un peu différent de celui-ci, il n'en a pas moins atteint son but. Et il mérite d'être lu. Ne voulant point me répéter dans le livre de la vérité, le lecteur trouvera dans *Dieu n'existe pas* un attrait, un intérêt et une instruction de choses nouvelles, qu'il ne trouvera nulle part.

Mon second livre est intitulé : *la Religion Universelle*, représente le symbole de l'espérance. Ce livre a été composé pour donner une instruction morale aux enfants de toutes les écoles. Cette instruction si nécessaire aux enfants, pour qu'ils apprennent le respect envers les parents et envers les étrangers. Et de plus, l'instruction de la religion future, à laquelle on doit préparer les enfants, qui eux sont appelés à déblayer le terrain des erreurs et des fausses croyances.

Mon troisième livre que vous venez de lire représente le symbole de la vérité ! De cette vérité toute rayonnante dans sa superbe clarté.

J'ai jeté un défi à la science humaine. A tous les savants de la Terre. Ma fortune est précaire. Et j'aurai voulu pouvoir puiser à volonté dans ma caisse pour grossir de beaucoup la somme. Mais il ne m'est permis de disposer que d'un billet de mille francs; qui sera attribué de bon cœur, au savant qui viendra me prouver le contraire de ce que j'ai écrit dans mon livre. C'est le seul moyen d'arriver à la vérité, si par hasard je m'étais trompé dans mes prévisions.

La somme de mille francs est déposée au Crédit Lyonnais, bureau N, boul. Magenta, 81, à Paris, jusqu'au 31 décembre 1910.

A vous, Messieurs les savants à conquérir la palme et la gloire ; ainsi que l'honneur d'avoir ouvertes plus grandes les portes de la lumière et de la vérité !

Louis PANAFIEU.

Chaque volume vaut 1 franc ; par la poste 1 fr. 25.

Se trouve chez GRAND-JACQUES, libraire, 4, rue Alfred-Stevens, à Paris; *chez tous les libraires* et 7, *impasse Gaudelet* (rue Oberkampf).

Table des Matières

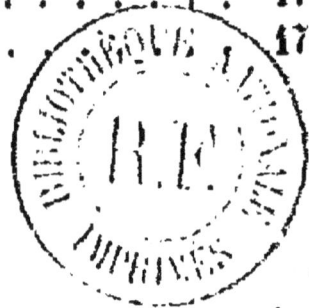

PARIS. — IMPRIMERIE NOUVELLE (ASSOCIATION OUVRIÈRE)

11, RUE CADET. — A. MANGEOT, DIR. — 845-6.

CONTINUUS LABOR VITA

IMPRIMERIE NOUVELLE